日本比較法研究所翻訳叢書
81

マティアス・カスパー教授講演集

コーポレート・ガバナンス、その現下の課題

マティアス・カスパー 著
小宮靖毅 編訳

Aktuelle Fragen
der Corporate Governance

Von
Mattias Casper

中央大学出版部

装幀　道吉　剛

2016年11月9日講演会「シャリーア監督委員会とシャリーア適合性審査
―ヨーロッパからみるコーポレート・ガバナンスとの関連―」①

2016年11月9日講演会「シャリーア監督委員会とシャリーア適合性審査
―ヨーロッパからみるコーポレート・ガバナンスとの関連―」②

2016年11月12日研究会
「上場廃止の規制とコーポレート・ガバナンス」

2016年11月14日講演会
「金融機関のコーポレート・ガバナンス」

原著者序

　本叢書には、2016年11月に中央大学客員教授として私がおこなった三講演をおさめている。いずれも、コーポレート・ガバナンス（すなわち善い企業経営）の現下の課題に関するものである。コーポレート・ガバナンスは、この二十五年間に、国と地域とを問わず、会社法に最重要の主題の一つとなったが、2008年から2009年の金融危機を経た規制のうごきによっても加速度的に進展した。「金融機関向けのコーポレート・ガバナンス」を定める特別な規定群が形成されていることは、その一つの成果といえる。ここから、この特別な規定群を、金融業界に対象を限定された規制ととらえるのか、あるいは、むしろ会社法一般を論議する際の模範ととらえるか、またあるいは一切の波及効果を欠くと考えるか、という問いを立てることができる。この問いに答えるのが第一講演である。第二講演は、イスラム金融機関のコーポレート・ガバナンスという個別問題を扱う。ここでは、宗教法上のガイドラインが、コーポレート・ガバナンスに関する国法上の規制と一致させられなければならないか、という特徴ある経過が看て取れる。シャリーア監督委員会は、金融商品のイスラム法適合性を確認し、イスラム金融機関に対する最重要の影響をもつことがあるため、金融機関向けのコーポレート・ガバナンス・ガイドラインに従わなければならないのである。第三講演は、コーポレート・ガバナンスの文脈で、一般的な問題として、取引所からの退場（上場廃止）における少数株主保護、を取り上げている。この場面で、強制的公開買付けが必要か、あるいは、上場廃止について株主総会が決定しなくてはならないかどうか、という問いに答える。その際、少数株主保護を、個々の取引所が制定する上場規定に委ねられるか、それとも国による規制が必要なのかどうかという、一般的な問題にも触れる。

　ここで、中央大学法学部の教授会員に、私をあたたかく受け容れてくれたことに対するこころからの謝意を表したい。なかでも、滞在中の私にすばらしい

気遣いを示してくれただけでなく、講演の翻訳の労をとってさえくれた山内惟介名誉教授と小宮靖毅教授の名を挙げることをゆるされたい。このほかにも、楢﨑みどり教授、伊藤壽英教授、新井誠教授、鈴木博人教授、そして宮本航平准教授には、専門的のみならず個人的な交流に感謝する。さらに、私の講義での討議に参加してくれた中央大学のすばらしい学生に感謝する。これらのみなさまと、中央大学とミュンスター大学の長きにわたる交流とに、本書を奉げるものである。

　2018年5月、ミュンスターにて

マティアス・カスパー

（小宮靖毅・訳）

編訳者はしがき

　中央大学とミュンスター大学とは、研究者を相互に派遣する事業をつづけて三十年にならんとしている。その永き交流を中央大学が揺るがしてはならない。2016 年 11 月、中央大学は客員教授としてマティアス・カスパー教授を迎え、中央大学とミュンスター大学の交流に、さらに一つの礎を得ることができた。本講演集は、そのあかしである。

　カスパー教授は 1965 年生、2003 年よりミュンスター大学教授である。1993 年にハイデルベルク大学を卒業後、1995 年から 2001 年までペーター・ウルマー教授の学術研究助手をつとめている。1998 年には博士論文「Heilung nichtiger Beschlüsse im Kapitalgesellschaftsrecht（資本会社法における無効決議の治癒）」をハイデルベルク大学に提出し、法学博士号を、2002 年には教授資格論文「Der Optionsvertrag（オプション契約）」を、やはりハイデルベルク大学に提出し、大学教授資格を得ている。

　教授は、研究の重点を三つの領域、資本市場法・会社法・イスラム金融としているが、本書にはその三つともが配された趣となっている。本書の収録順を定めたのはカスパー教授自身だが、第一講演「金融機関のコーポレート・ガバナンス」は 2016 年 11 月 14 日に、第二講演「シャリーア監督委員会とシャリーア適合性審査」は、同 9 日、そして第三講演「上場廃止の規制とコーポレート・ガバナンス」は、同 12 日に、それぞれおこなわれたものである。講演内容と交流の実質とを考え併せた結果、第一講演と第二講演は多摩校舎において、もっぱら学部学生を聴衆としておこなわれ、第三講演は市ヶ谷校舎において、もっぱら会社法研究者の参加を得ておこなわれた。なかでも第二講演における学部学生との英語による質疑応答（「ひかくほう News Letter」52 号（2017 年）4-5 頁）は、カスパー教授の印象に深く残ったようで、筆者が 2017 年度交流事業に基づく客員教授としてミュンスターを訪れた折にも言及があった。

原著者序にもあらためて触れられている。この上なく喜ばしく、特筆しておく。

　最後になるが、カスパー教授の招聘に尽力された関係各位に、そして、講演のそれぞれにおいて討議にご参加いただいた方々に、編訳者として感謝を申し上げる。また、本書の刊行に助力を惜しまなかった日本比較法研究所事務室の方々に、御礼を申し上げる。

　　2018年5月8日

　　　　　　　　　　　　　　　　　　　　　　　　　　　　小宮靖毅

目　次

原著者序
編訳者はしがき

第一講演
金融機関のコーポレート・ガバナンス
　　　　　　　　　……………………………………小宮靖毅 訳… 1

第二講演
シャリーア監督委員会とシャリーア適合性審査
　──ヨーロッパからみるコーポレート・ガバナンスとの関連──
　　　　　　　　　……………………………………山内惟介 訳… 27

第三講演
上場廃止の規制とコーポレート・ガバナンス
　──取引所間競争で株主保護は影響をこうむるか、
　　　国の定める基準が必要か（競争か規制か）──
　　　　　　　　　…………………　……………小宮靖毅 訳… 53

マティアス・カスパー教授　著作目録

第一講演
金融機関のコーポレート・ガバナンス

小宮　靖毅　訳

　　　　目　次

Ⅰ　はじめに──課題、概要
Ⅱ　私たちはなぜ金融機関のコーポレート・ガバナンスに特則を必要とするのでしょうか
Ⅲ　金融機関に課された、組織に関する義務
　1　経営組織の適正に関する規則（信用制度法 25a 条 1 項）
　2　会社のコンプライアンス
　3　小　　括
Ⅳ　金融機関の監査役会に関する規制
　1　金融機関の監査役会構成員に要求される資格
　2　必置の委員会
Ⅴ　結　　論

本講演は、コーポレート・ガバナンスに関する各種規制のうち、金融機関に近時適用されたものに関する。2007～8年の金融危機以降、銀行と保険会社（以下「金融機関」という）に対象を限定した規則が効力を持つに至っている。講演では、そのうちのいくつかを紹介し、金融機関向けのルールが、コーポレート・ガバナンス論一般においては一つの例示にとどまるのか、あるいはそれを越えた波及効果をもつのか、という課題を強調している。

I　はじめに――課題、概要

どうすれば会社を効率的に運営できるかという問題は、コーポレート・ガバナンス論で重要な論点の一つです。2007～8年の金融危機では、ドイツにおいては取締役会と監査役会が、またはアメリカにおいては取締役会が、巨額の損失を防ぐことに失敗し、信用を大きく毀損する事態も予防できなかったことが、誰の目にも明らかとなりました。アセット・バックト・セキュリティ（ABS）や複雑なデリバティブ取引、国際的なスワップ取引のような金融商品に伴うリスクを、経営者、あるいは少なくとも監査役たち、が理解していなかったとの印象を抱かせる事例もありました。経営者の業績連動報酬が大きくて、ハイリスクな取引を助長しました。

さて、そうした金融危機を、政府と欧州各国の中央銀行が、どうにかこうにか抑えるに至ると、よいコーポレート・ガバナンスを、よりよいリスクコントロールを、という、これまでも繰り返されてきた議論が再燃しました。その第一弾は、2010年6月に欧州委員会が発表した「金融機関のコーポレート・ガバナンスと報酬に対する考え方」と題する立法試案[1]です。その内容はすでにEU法と国内法に取り入れられていますが、この文書の発表をきっかけに、銀行と保険会社のコーポレート・ガバナンスに関する特則がたくさんつくられました。その一つに、監査役会に高い能力を持った構成員を要求するようになっ

---

1) http://ec.europa.eu/internal_market/company/docs/modern/com2010_284_en.pdf（2014年5月20日確認済み）.

たこと（資格の厳格化）があります。監査役会に、報酬や銀行のリスクプロファイリングといった、銀行に特有の問題に特化した委員会をとくに設けなければならないとする規制です。時間の関係で、構成員資格（信用制度法25c条）と経営者の報酬（信用制度法25a条5項）の話は致しませんが、とくに報酬の問題は、これからお話する課題に劣らず、重要です。

II　私たちはなぜ金融機関のコーポレート・ガバナンスに特則を必要とするのでしょうか

　金融機関は、一国の経済において特別な役割を果たしている点で、一般の事業会社と違います。先に掲げた2010年の立法試案の中で欧州委員会は、金融セクターに特有の困難を強調しています。金融機関のいずれもが互いに密接に結びついており、だからこそ、各企業のコーポレート・ガバナンスによって金融システムの安定を確実に実現しなくてはならない。そればかりか、預金者・寄託者を含む銀行の利害関係者たちは、自分の資産を喪うリスクにさらされている。いわゆるリーマンショックが示したとおり、金融セクターがリスクをとろうとするのを抑える必要性が増しているのだ、としています。

　こうした基盤に根差し、金融機関向けの規制法は、適切な内部統制、リスクマネジメント、監査とコンプライアンスの整備を重視します。ただし、金融機関規制法が会社法に影響し、「金融機関の会社法」のような領域が形成されるか、そして、それがどのように形成されるかについては、いまだ議論の余地があります。

　それでもこれらの規制は、広義のコーポレート・ガバナンス論の大きな方向性を指し示すものとなるかもしれません。ホルガー・フライシャー（*Holger Fleischer*）氏は、規制法が「ペースメーカー」としての役割を果たしつづけると指摘しました[2]。どういうことかというと、金融機関のコーポレート・ガバ

---

2) *Holger Fleischer,* Zur Leitungsaufgabe des Vorstands im Aktienrecht, ZIP 1, 10 (2003).

ナンスの厳しい規制によって、コーポレート・ガバナンスの改革論議が促されるかもしれず、そうでなくとも大きな推進力（impetus）となることは明らかだというのです。とはいえ、一般事業会社のコーポレート・ガバナンスを論ずる根拠を導くにあたって、金融機関の特性をふまえない議論はできません。金融機関にふさわしい解決策を、そのままほかの会社にも当てはめるような立法は戒めるべきです。

そこで、私は今申し上げた考察を、三つの例を通じて、一般論としてみなさんにお示ししようと思います。(1) 金融機関に課された組織に関する義務、(2) 金融機関の監査役会に関する要件、そして (3) コンプライアンス・システムの整備義務、の三つです。

Ⅲ　金融機関に課された、組織に関する義務

1　経営組織の適正に関する規則（信用制度法 25a 条 1 項）

事業会社にも適用のある株式法第 91 条第 2 項によると、取締役会は、会社の持続性を脅かす危機の増大を早期に探知できるよう、適切な措置、とくに早期警戒措置（surveillance measures）を講じなければなりません。この条文は、経営者の一般的な注意義務の重要な一面を強調しています[3]。負の可能性を探知するという目的を、財産上の不利益を予見した警戒措置を講ずるという組織的な義務に結びつける条文です[4]。なお、会社の持続性を脅かす危機の増大とは、すなわち、会社が支払い不能となるリスクの著しい増大です[5]。

---

[3] *Holger Fleischer* in Gerald Spindler & Eberhard Stilz (eds), Aktiengesetz, s. 91 para. 1 (3nd ed., C.H.Beck Verlag 2015).

[4] *Holger Fleischer* in Gerald Spindler & Eberhard Stilz (eds), Aktiengesetz, s. 91 para. 30 (3nd ed., C.H.Beck Verlag 2015).

[5] *Holger Fleischer* in Gerald Spindler & Eberhard Stilz (eds), Aktiengesetz, s. 91 para. 32 (3nd ed., C.H.Beck Verlag 2015) ; *Gerald Spindler* in Wulf Goette & Mathias Habersack (eds), Münchener Kommentar zum Aktiengesetz, s. 91 para. 80 (vol. 2, 4th ed., C.H.Beck Verlag 2014).

株式法第91条第2項からは、法的義務となる早期警戒措置の水準や対象の詳細は読み取れず、経営者の裁量に委ねられています[6]。ここは注意を要する点ですが、この条文は、あらゆる株式会社に義務を課し、会社の持続性を脅かす危機の増大に対応せよとしているのではありません。そうした状況におかれたら、取締役の一般的な義務に基づき、適切な行動をとる義務が生ずる可能性がある、としているのです。上場会社に関して言えば、ドイツ・コーポレート・ガバナンス・コード（GCGC）は取締役会に向け、事業における適切なリスクマネジメントとリスクコントロールを確立するよう要求しています（項4.1.4.)[7]。つまり、リスクを感知する措置を実行するのみならず、リスクを管理する措置を講ずる義務です。同項が具体的になにを義務づけるかは、事案に応じ、また、個々の会社の経営体制やリスクプロファイルに応じて異なりますが、どんな措置も、取締役の裁量に基づいて、実現されなければならないことはたしかです。

金融機関に適用される法律である信用制度法25a条は、公益性に基づいたものとして、組織に関する義務を、微に入り細を穿って定めています[8]。それらの義務は、株式法第91条第2項が設けられるよりもずっと早く条文化されていたものなのに、当の第91条第2項にも、その立法関係資料にも、この規制への言及はありません。行政によるガイドライン（MaRisk）には、詳細な規

---

[6] *Gerald Spindler* in Wulf Goette & Mathias Habersack (eds), Münchener Kommentar zum Aktiengesetz, s. 91 para. 17 (vol. 2, 4th ed., C.H.Beck Verlag 2014); *Holger Fleischer* in Gerald Spindler & Eberhard Stilz (eds), Aktiengesetz, s. 91 para. 36 (3nd ed., C.H.Beck Verlag 2015).

[7] 詳細は、例えば *Henrik-Michael Ringleb* in Henrik-Michael Ringleb, Thomas Kremer, Marcus Lutter, Axel von Werder, Kommentar zum Deutschen Corporate Governance Kodex, para. 608 et seq. (5th ed., C.H.Beck Verlag 2014).

[8] この義務について詳しくは、例えば *Jens-Hinrich Binder,* Corporate Governance in Wirtschaftsaufsicht und allgemeinem Gesellschaftsrecht – Perspektiven wechselseitiger Beeinflussung am Beispiel der gesetzlichen Anforderungen an das Risikomanagement in Jahrbuch Junger Zivilrechtswissenschaftler 2007, 145, 154 et seq. (Richard Boorberg-Verlag 2008).

制が山ほど書かれています[9]。規制法である信用制度法の条文は、取締役が重要なリスクを監視する義務を課すだけでなく、とくに、会社のリスクマネジメントが適切で実効的であることを保障する義務を負わせています。リスクマネジメントはコーポレート・ガバナンスにその一要素として統合されますから、ここで疑問が生じます。信用制度法25a条に定められた義務が、金融機関（という株式会社）のコーポレート・ガバナンスを実際上決定してしまうのかどうか、です。

　株式法第91条第2項の定める会社法上の組織に関する義務と、信用制度法25a条の定める規制法上の義務とをくらべると、そこには一定の重なり合いが認められるわけですが、それは「組織に関する義務」の原理を共有した重なり合いではありません。組織に関する義務を定める二本の条文が互いにどう影響し合うか、結論は出ていません。しかし、金融機関には特殊性があることから、規制法である信用制度法が、「実体経済」にかかわる一般事業会社のコーポレート・ガバナンスに影響するとまで言う必要はないという点は明確にしておくべきでしょう。

　金融機関に関して言うと、規制法上の義務が取締役の会社に対する義務に波及するかどうか、意見は多様です。公法上の規定が私法上の義務に波及効果をもつと解釈されることはよくありますが、そこでいう波及効果がなにを意味するのかは曖昧です。波及効果があるとされる規定については、効果の及ぶ先の規定を解釈するときに、遡って考えるのが通常ですが[10]、まさに信用制度法第

---

9) リスクマネジメントの最低限度を定めるガイドライン：Mindestanforderungen an das Risikomanagement, いわゆる 'Verwaltungsvorschriften' - 法的分類の詳細は、*Katja Langenbucher,* Vorstandshaftung und Legalitätspflicht in regulierten Branchen, ZBB/JBB, 16, 20 et seq. (2013). その2012年12月14日版は、http://www.bafin.de/SharedDocs/Downloads/DE/Rundschreiben/dl_rs1210_marisk_pdf_ba.pdf?__blob=publicationFile&v=5（2014年5月30日に確認済み）.

10) 波及効果の定義とその詳細については、*Daniela Weber-Rey,* Ausstrahlungen des Aufsichtsrechts (insbesondere für Banken und Versicherungen) auf das Aktienrecht – oder die Infiltration von Regelungssätzen?, ZGR 543, 565 et seq. (2010)； *Katja*

25a 条の定める組織に関する義務がそれです[11]。この条文は、リスクモニタリングとリスクマネジメントの基準を定めており、立法者が、（公法的にではありますが）金融機関を経営するにあたっての最低限度と考えた内容です。フランクフルト行政裁判所は、「家族的扶助（'Bruderhilfe'）」と呼ばれる判決で、信用制度法第 25a 条の定める義務と株式法第 91 条第 2 項の定める義務とはまったくおなじだとしました[12]。しかし、会社を経営するにあたっての取締役の裁量が、規制法の都合で限定されるというのはいかがかと思います。実際、この判決は大いに批判されています[13]。金融規制に関する特別法の条文から一般的な原理原則を演繹するのに必要な慎重さを欠いているというわけです。さもないと、私法である会社法（株式法）と金融機関規制法（信用制度法）の対象の違いを一切考慮せず、行政によるガイドライン（例の MaRisk です）が、私法上の取締役の注意義務の基準を決めてしまうことになりかねません。それどころか、取締役の会社に対する責任のリスクが著しく増大することもあり得てしまいます[14]。したがって、金融規制法に波及効果があると言っても、行政法上の義務と私法上の義務が完全に呼応することにはなりません[15]。私法上取締

Langenbucher, Bausteine eines Bankgesellschaftsrechts : Zur Stellung des Aufsichtsrats in Finanzinstituten, 176 ZHR, 652, 666 et seq. (2012).

11) この種の波及効果に反対する *Jens-Hinrich Binder,* Corporate Governance in Wirtschaftsaufsicht und allgemeinem Gesellschaftsrecht – Perspektiven wechselseitiger Beeinflussung am Beispiel der gesetzlichen Anforderungen an das Risikomanagement in Jahrbuch Junger Zivilrechtswissenschaftler 2007, 145, 164 et seq. (Richard Boorberg-Verlag 2008).

12) VG Frankfurt, 8 July 2004 - 1 E 7363/03[1] para. 19 (juris) = WM 2157, 2160 (2004).

13) 参照 *Jürgen Bürkle,* Auswirkungen der Unternehmensaufsicht nach dem KWG auf organisatorische Pflichten von Versicherungsunternehmen : Zur Reichweite der unternehmensorganisatorischen Vorgaben in § 25a Abs. 1 KWG, WM 1496, 1497 et seq. (2005).

14) *Malte Wundenberg,* Compliance und die prinzipiengeleitete Aufsicht über Bankengruppen, 132 ff., によれば、信用制度法第25a 条に従う義務は、取締役の法令遵守義務の一環で、前者に反する取締役は会社に対して責任を負う（但し、株式法第 93 条 1 項の経営判断原則の適用はある）ことになる。

役が負う義務の内容を決める一つの要素にとどまります。ここから導かれる結論は、信用制度法第25a条の定める組織に関する義務を遵守する取締役は、それだけで、株式法第91条第2項により課される取締役の義務を遵守していることになりますが[16]、その逆ではないということです。つまり、もしある会社が信用制度法第25a条に反している場合、その取締役は株式法第91条第2項にも反しているかもしれませんが、常に反したと評価されるわけではありません[17]。

2 会社のコンプライアンス

2.1 コンプライアンスとコンプライアンス担当部署を設置する義務

金融規制法がコーポレート・ガバナンスに与えた影響は、ドイツの証券取引法（WpHG）に定義された投資サービス会社、いわゆる証券会社についていうなら、その好例はコンプライアンス担当部署の設置強制をめぐる議論でしょう。問題は、証券会社がコンプライアンス担当部署の設置義務を負うか、それとも、法令遵守体制の構築で済むのかどうかでした。

2013年にミュンヘン地方裁判所の示した判決が、この問題にドイツで最初に答えた判決となりました。ふつうの株式会社がコンプライアンス担当部署を備える義務を負うのか、負うとしてその程度や如何、という問題です（「ジー

---

15) 規制法上の条文の一般化に反対するものとして *Uwe Hüffer,* Aktiengesetz (10th ed., C.H.Beck Verlag, 2012), s. 91 para. 8.

16) *Jens-Hinrich Binder,* Corporate Governance in Wirtschaftsaufsicht und allgemeinem Gesellschaftsrecht. Perspektiven wechselseitiger Beeinflussung am Beispiel der gesetzlichen Anforderungen an das Risikomanagement in Dirk Zetzsche et al. (eds), Jahrbuch Junger Zivilrechtswissenschaftler 2007, 145, 164 (Richard Boorberg-Verlag 2008).

17) *Jens-Hinrich Binder,* Corporate Governance in Wirtschaftsaufsicht und allgemeinem Gesellschaftsrecht. Perspektiven wechselseitiger Beeinflussung am Beispiel der gesetzlichen Anforderungen an das Risikomanagement in Dirk Zetzsche et al. (eds), Jahrbuch Junger Zivilrechtswissenschaftler 2007, 145, 164 (Richard Boorberg-Verlag 2008).

メンス／ノイビュルガー（'Siemens/Neubürger'）」判決と呼ばれています）[18]。

　なによりもまず重要なのは、コンプライアンスが取締役の責務だということです。取締役は法令を遵守せねばならないという、彼らの「法令遵守義務(*Legalitätspflicht*)」から導かれるしごとです[19]。法に反する行動（unlawful behaviour）は取締役が会社に対して負う義務違反でもある（株式法第93条第1項）、というのが通説です[20]。しかし、です。取締役は自分たちが法に反しないだけではダメで、会社全体が法に反しないようにする義務を負います。

　もうすこし正確に言いましょう。取締役は、会社内の違法性を監視する義務を負い、子会社をすべて含めた会社全体として制定法の条文および定款に違背しない組織をつくりあげる義務を負います[21]。コンプライアンス担当部署の設

---

18) LG München I, 10 Dec 2013 – 5 HK O 1387/10, margin 89 (juris)（確定していない）、評釈として *Fleischer,* Aktienrechtliche Compliance-Pflichten im Praxistest : Das Siemens/Neubürger-Urteil des LG München I, NZG 321-360 (2014).

19) *Gerald Spindler* in Wulf Goette & Mathias Habersack (eds), Münchener Kommentar zum Aktiengesetz, s. 93 paras 73 et seq (vol. 2, 4th ed., C.H.Beck Verlag 2014) ; *Mathias Habersack,* Grund und Grenzen der Compliance-Verantwortung des Aufsichtsrats der AG, AG 1, 2 (2014) ; *Holger Fleischer,* Aktienrechtliche Legalitätspflicht und „nützliche" Pflichtverletzungen von Vorstandsmitgliedern, ZIP 141 et seq. (2005) ; 同, Handbuch des Vorstandsrechts, § 7 para 4 (C.H.Beck Verlag 2006) ; *Uwe Hüffer,* Aktiengesetz (10th ed., C.H.Beck Verlag, 2012), s. 93 para. 4 ; *Gregor Bachmann,* in Gesellschaftsrechtliche Vereinigung VGR (ed), Gesellschaftsrecht in der Diskussion 2007, 65, 73 et seq (OttoSchmidt Verlag 2008) ; *Thomas E. Abeltshauser,* Leitungshaftung im Kapitalgesellschafsrecht, 213 (Heymann 1998).

20) 既に *Thomas E. Abeltshauser,* Leitungshaftung im Kapitalgesellschafsrecht, 213 (Heymann 1998) ; より詳しくは *Holger Fleischer* in Gerald Spindler & Eberhard Stilz (eds), Aktiengesetz, s. 93 para. 24 (2nd ed., C.H.Beck Verlag 2010) ; また、Kölner Kommentar zum Aktiengesetz, s. 93 para. 71 (vol. 2/1, 3rd ed., Carl Heymanns 2010).

21) BGH, 15 Jan 2013 – II ZR 90/11, margin 22 (juris) (= NZG 293 (2013))、さらには *Fleischer,* Aktienrechtliche Compliance-Pflichten im Praxistest : Das Siemens/Neubürger-Urteil des LG München I, NZG 321, 322 (2014) ; *Michael Arnold,* Verantwortung und Zusammenwirken des Vorstands und Aufsichtsrats bei Compliance-Untersuchungen, ZGR 76, 79 (2014) ; *Michael Kort* in Klaus J. Hopt & Herbert

置が取締役の助けになるのはまちがいないでしょう。でも、だからといってどんなときにも設置を義務とするということにはならないのです。

投資サービス会社について言うと、コンプライアンス担当部署の設置義務は、ドイツ証券取引法（WpHG）第 33 条第 1 項に書かれています[22]。その他の会社については、GCGC が、どの会社においてもコーポレート・コンプライアンスは実現されなければならないと要求してはいます（項 4.1.3.）。しかし、コンプライアンス担当部署が必要だとまでハッキリ書いているわけではありません。これを反対解釈すれば、ふつうの会社はコンプライアンス担当部署を設置しなくてもよいのだと結論してよさそうです。

その一方、そうしたコンプライアンス担当部署のような、組織に関する義務は、株式法第 93 条第 1 項の一般的な取締役の注意義務、及び株式法第 76 条第 1 項で要求されている一般的な組織に関する義務から導かれてしまいます[23]。

Wiedemann (eds), Großkommentar zum Aktiengesetz (vol. 3, 4th ed., de Gruyter Verlag, 2003) s. 76 para. 47 ; *Gerd Krieger and Viola Sailer-Coceani* in Karsten Schmidt & Marcus Lutter (eds), Aktiengesetz, s. 93 para. 27 (2nd ed., Otto Schmidt Verlag 2010) ; *Hans J. Mertens & Andreas Cahn* in Wolfgang Zöllner & Ulrich Noack (eds), Kölner Kommentar zum Aktiengesetz, s. 93 para. 80 ; *Wolfgang Hölters,* Aktiengesetz, s. 93 paras 63 et seq ; (2nd ed., C.H.Beck Verlag 2014) ; *Holger Fleischer* in Gerald Spindler & Eberhard Stilz (eds), s. 93 para. 56 (3nd ed., C.H.Beck Verlag 2015).

22) MiFID の指令（2006/73/EC）と同じく、ドイツ証券取引法第 33 条第 1 項は、コンプライアンス担当部署とも読める 'compliance function' という文言を用いる。小規模な金融機関においてのみ、単独の担当者や監視体制も、これに該当しうる。以下では、私は、より一般的に「コンプライアンス担当部署」の語を用いる。

23) この一般的義務に、本文でいうコンプライアンスが包摂されるとする通説につき、例えば、*Holger Fleischer,* Vorstandsverantwortlichkeit und Fehlverhalten von Unternehmensangehörigen – Von der Einzelüberwachung und Einrichtung einer Compliance-Organisation, AG 291, 299 (2003) ; 同, Aktienrechtliche Compliance-Pflichten im Praxistest : Das Siemens/Neubürger-Urteil des LG München I, NZG 321, 322 (2014) ; *Martin Winter,* Die Verantwortlichkeit des Aufsichtsrats für „Corporate Compliance" in Festschrift für Uwe Hüffer zum 70. Geburtstag, 1103, 1104 (C.H.Beck Verlag 2010) ; *Wulf Goette,* Organisationspflichten in Kapitalgesellschaften zwischen Rechtspflicht und Opportunität, ZHR 175, 388, 392 (2011) ; *Marcus Lutter,*

なかには、株式法第91条第2項の定める「会社の持続性を脅かす危機の増大を早期に発見するために適切な早期警戒措置を執る義務」の一部だと考える人もいるくらいです[24]。

私の意見はこうです。一般的な取締役の注意義務から、どの事例においても取締役会がコンプライアンス担当部署を設置せねばならないとの想定を導くことは、明文からはできないし、そのほかにそうした義務を想定できると言わせるだけの根拠はみあたりません[25]。むしろ必要なのは、個別の事案に特有の事情を考慮することでしょう。この考え方は、ミュンヘン地方裁判所の判決でも強調されています。同地裁は、コンプライアンス体制の構築義務の根拠となる事情は、「それぞれの会社が抱える具体的な危機（'entsprechende Gefährdungslagen'）」の内にしか（！）見つからないという判決を下したのです[26]。

とはいえ、個別の会社で、その規模や事業によっては、コンプライアンスをその会社全体にいきわたらせることがほとんど不可能だという場合、取締役の

Konzernphilosophie vs. Konzernweite Compliance und konzernweites Risikomanagement in Festschrift für Wulf Goette zum 65. Geburtstag, 289, 291 et seq. (C.H.Beck Verlag 2011)（企業集団としてのコンプライアンスの文脈で）; *Dirk Verse,* Compliance im Konzern : Zur Legalitätspflicht der Geschäftsleiter einer Konzernobergesellschaft, ZHR 175, 401, 404 (2011).

24) 例えば、*Meinrad Dreher,* Die Vorstandsverantwortung im Geflecht von Risikomanagement, Compliance und interner Revision in Peter Kindler, Jens Koch, Peter Ulmer & Martin Winter (eds), Festschrift für Uwe Hüffer zum 70. Geburtstag, 161, 168 et seq. (C.H.Beck Verlag 2010). 註18) の判決は、事案の解決に必要ないものとして、制定法上の明確な根拠を示さずともよいとする。LG München I, 10 Dec 2013 – 5 HK O 1387/10, margin 89 (juris).

25) その上でなおそうした義務を課すことに賛成なのは、中でも、*Uwe H. Schneider,* Compliance als Aufgabe der Unternehmensleitung, ZIP 645, 648 et seq (2003) ; *Jürgen Bürkle,* Corporate Compliance – Pflicht oder Kür für den Vorstand der AG?, BB 565, 570 (2005) ; *Dieter Eisele & Alexander Faust* in Herbert Schimansky, Hermann-Josef Bunte, Hans Jürgen Lwowski, Bankrechts-Handbuch, § 109 para. 95a (4th ed., C.H.Beck Verlag 2011).

26) 註18) の判決 (margin 89 (juris))。

一般的な注意義務が、取締役に、コンプライアンス担当部署を設置するよう事実上強制する結果ともなり得ます[27]。その決断を下す際に取締役会が考慮しなければならないことは、自社の規模、属する業種、労働者数、自社に適用される規定の数、過去の違背の頻度、そして企業に関する国際的な規制動向などに照らして「自社にとくに関係することとなる法令」に違反するリスクです[28]。

先に述べたドイツ証券取引法第33条第1項から、これと違った結論は導けません[29]。この条文に、コンプライアンス担当部署の設置は強制されているという基本認識は含まれていませんが、それでもこの条文は、証券会社に適用される会社法から、コンプライアンス担当部署の設置義務付けという一般原則を抽き出すための一つの支えとなり得ます。基礎となる考え方は、こうです。会社が大きければ大きいほど、そしてその事業目的の追求が世の中に害悪を惹き起こす可能性が強ければ強いほど、人は、証券取引法の目的と機能を思い起こさなければならない[30]。ここでは、法令違背がただしく予防されるようにコン

27) 加えて、必要性を要求することに賛成する通説につき、例えば *Holger Fleischer,* Handbuch des Vorstandsrechts, § 8 paras 43 et seq (C.H.Beck Verlag 2006) ; *Uwe Hüffer,* Compliance im Innen- und Außenrecht der Unternehmen in Holger Altmeppen, Hanns Fitz & Heinrich Honsell (eds), Festschrift für Günter H. Roth zum 70. Geburtstag, 299, 304 (C.H.Beck 2011) ; *Wulf Goette,* Organisationspflichten in Kapitalgesellschaften zwischen Rechtspflicht und Opportunität, ZHR 175, 388, 396 et seq. (2011) ; *Dirk Verse,* Compliance im Konzern : Zur Legalitätspflicht der Geschäftsleiter einer Konzernobergesellschaft, ZHR 175, 401, 404 (2011) ; *Christoph E. Hauschka* in Christoph E Hauschka (ed.), Corporate Compliance — Handbuch der Haftungsvermeidung im Unternehmen, s. 1 para. 23 (2nd ed, C.H.Beck Verlag 2010) ; arguably also in favour of this *Hans J Mertens & Andreas Cahn* in Wolfgang Zöllner & Ulrich Noack (eds), Kölner Kommentar zum Aktiengesetz, s. 93 para. 80 (vol. 2/1, 3rd ed., Carl Heymanns Verlag 2010).
28) 同旨、註18)の判決。また、*Wulf Goette,* Organisationspflichten in Kapitalgesellschaften zwischen Rechtspflicht und Opportunität, ZHR 175, 388, 396 et seq. (2011).
29) 同様に *Thomas Kremer, Christoph Klahold,* Compliance-Programme in Industriekonzernen, ZGR 113, 119 (2010).
30) 一定のコンプライアンス体制の整備に関する波及効果に賛成するものとして、ほかに、*Gerald Spindler* in Wulf Goette & Mathias Habersack (eds), Münchener

プライアンスは組織化されなければならないというのが手がかりとなる原則だと強調しておきます。

2.2 コンプライアンス担当部署と会社のコーポレート・ガバナンス体制におけるその役割

2.2.1 組織に関する義務

コンプライアンス担当部署の設置義務が認められる場合、あるいは、取締役がコンプライアンス担当部署を任意に設置した場合にも、問題が残っています。それは、担当部署の役割を会社のコーポレート・ガバナンス体制にどう位置づけるかという問題です。もう一度確認しますが、一般事業会社と金融機関とでは負っているリスクが異なるため、コンプライアンス担当部署の組織上の位置づけは機能的に同一である必要はありません。しかし、そうは言っても、金融業界でない会社だからといって、自社の体制をまったく自由に設計してよいとまではいえないのもたしかです。少なくとも、会社としてコンプライアンス担当部署の設置が義務づけられている場合にはそうです。したがって、問われるべきは、金融機関向けの規制は一般事業会社にとって一つの模範かどうか、になります。このことを念頭におきつつ、まず一方で、コンプライアンスの組織は部署として分離し、独立性をもたせるべきだと言えるでしょう。会社の業務執行に携わる部署からはとくに分離されるべきです。コンプライアンス担当部署の職員(使用人)が、業務執行に関する職責を同時に担うのは違法と考えられます。ただし、それはコンプライアンス部門を法務部門や監査部門などの部署と一体化する考え方を予め排除するものではありません[31]。

Kommentar zum Aktiengesetz, s. 91 para. 46 (vol 2, 4th ed, C.H.Beck Verlag 2014).
31) コンプライアンス、管理、そして監督の差異について詳しくは、*Meinrad Dreher, Die Vorstandsverantwortung im Geflecht von Risikomanagement, Compliance und interner Revision in Peter Kindler, Jens Koch, Peter Ulmer & Martin Winter (eds), Festschrift für Uwe Hüffer zum 70. Geburtstag*, 161, 173 et seq. (C.H.Beck Verlag 2010) and *Arbeitskreis Externe und Interne Überwachung der Unternehmung der Schmalenbach-Gesellschaft für Betriebswirtschaft (AKEIÜ)*, Compliance : 10 Thesen für

他方、コンプライアンス担当部署に取締役会が指示をする権限はなくせません。コンプライアンスの担当者は、取締役会に直属です（単層制であれば、取締役会もしくは監査委員会に）。担当者とその主任である取締役（CCO）がほかの職員から独立していても、取締役会から独立しているわけではありません。強すぎる独立性は、コーポレート・ガバナンスの正しい理解と相容れません。これは、会社内の法令遵守確保が取締役会に課せられた業務執行に属する事項であり、そこからコンプライアンス担当に権限委譲される事実から言えることです。

ドイツ連邦最高裁判所は、2009年のある判決の傍論で、CCOは、ドイツ刑法（StGB）の第13条第1項にいう保証人的地位（*Garantenstellung*）に直面することとなると述べ、現在進行形の議論を沸騰させてしまったことがありました[32]。それも、この文脈でこそ理解できることです。

コンプライアンス担当の設置義務一般に関しては、つぎのようにまとめることができます。

1. コンプライアンス担当者は取締役会により任ぜられ、その直属でなければならない。これは、取締役会が自らの義務を履行することを助けるがゆえである。過度の独立性はコーポレート・ガバナンスの正しい理解と相容れない。
2. CCOは、取締役会に報告し、個々の取締役に対して報告しない。そして、取締役会の指示にのみ従う。
3. 業務執行に関する職責をコンプライアンス担当者に担わせることは許さ

---

die Unternehmenspraxis, 63 DB 1509, 1513 et seq. (2010). CCOに代えて、コンプライアンス委員会を備えたCompliance-Management-Systemが優れることについて参照、*Georg Gößwein & Olaf Hohmann,* Modelle der Compliance-Organisation im Unternehmen, 66 BB 963, 966 et seq. (2011).

32) BGH, 17 July 2009 – 5 StR 394/08, para. 27 (juris) = BGHSt 54, 44 = NZG 2009, 1356, 批判的なものとして *Uwe Hüffer,* Compliance im Innen- und Außenrecht der Unternehmen in Holger Altmeppen, Hanns Fitz & Heinrich Honsell (eds), Festschrift für Günter H. Roth zum 70. Geburtstag, 299, 305 et seq. (C.H.Beck 2011).

れない。
4．コンプライアンス担当者には、法に反する行い（unlawful actions）を予防し、それを明るみに出すために必要なすべての情報の収集が保障されねばならない。
5．ただし、全従業員に対し調査権を直ちにもつものではなく、その前に取締役会への質問をおこなう義務が課される。もっとも、取締役会は担当部署に事前の調査権を保障することはできる。

2.2.2　監査役会とコンプライアンス担当部署の関わりあい

　ドイツの二層制ガバナンスにおける監査役会とコンプライアンス担当部署との関わりあい方について考えておくことも意義深いでしょう[33]。それは、コンプライアンス担当部署も、監視の機能を果たすからにほかなりません。この部署は、会社が効率的に運営されたり、利益を上げるようにする職責を負ってはいないかもしれませんが、そうであってもなお、管理の機能を果たしていることは明らかです。

　そしてその問いに対する答えも、すでにおわかりでしょう。コンプライアンス担当の部署は、取締役会を監査するおまけのような存在ではありません。逆です。取締役会の監督には、取締役会が取締役会として負う義務であるコンプライアンス義務の履行確保が含まれ[34]、そのコンプライアンス義務にコンプラ

---

33) *Martin Winter,* Die Verantwortlichkeit des Aufsichtsrats für „Corporate Compliance" in Festschrift für Uwe Hüffer zum 70. Geburtstag, 1103, 1118 et seq. (C.H.Beck Verlag 2010).
34) 監査役会の監視義務の対象は、監督の語の意味の広さに反して、業務執行機関のひとつひとつの行動ではない。その基礎的な、戦略的な、運営上の決断といったような、会社にとり決定的に重要な行動のみである（参照、例えば、*Uwe Hüffer,* Aktiengesetz, s. 111 para. 3 (10th ed., C.H.Beck Verlag 2012) ; *Mathias Habersack* in Wulf Goette & Mathias Habersack (eds), Münchener Kommentar zum Aktiengesetz), s. 111 paras 19, 20 (vol. 2, 4th ed., C.H.Beck Verlag 2014))。これには、コンプライアンス担当部署の設置と位置づけが含まれる。

イアンス担当部署の実効性確保が含まれるのです[35]。もっとも、コンプライアンス担当部署は取締役会に報告するだけで、監査役会には直接の報告をしません[36]。これには一つだけ例外があります。取締役会の全員が法律違反に関わっている場合、あるいは少なくとも代表取締役（執行役）（CEO）が関わっている場合です。この場合にCCOは、監査役会に直接報告を上げねばなりません[37]。取締役の独りだけが法律違反に関わっている場合は、CCOはCEOに報告すればよいのです。監査役会は、コンプライアンス担当部署による監視権限を取締役会内の監査委員会に委譲できます。

　このほかに、コンプライアンス体制の実効性を監査役会がどれほど熱心に監視しなければならないかという重要な問題があります。これに関し、疑問が三つ浮かびます。まず、コンプライアンス担当部署を設置する段階で、監査役会による監視がどの程度詳細にまで及ばなければならないか。つぎに、コンプライアンス担当部署のしごとぶりを監視するため、監査役会はどこまで、たとえば、不意打ち調査のようなものまでもおこなって、調査しなければならないのか。三つめに、違法な行為が組織ではなく個人としておこなわれたことが、監査役会が自ら調査するに十分な理由となるのか、それとも、それでは足らず、コンプライアンス担当部署の関与を経て取締役会がそうした違法を推進してい

---

35)　同旨として *Mathias Habersack* in Wulf Goette & Mathias Habersack (eds), Münchener Kommentar zum Aktiengesetz, s. 111 para. 21 (vol. 2, 4th ed., C.H.Beck Verlag 2014) with further references.

36)　この点つとに *Gerald Spindler,* Compliance in der multinationalen Bankengruppe, WM 905, 913 (2008) ; also *Michael Arnold,* Verantwortung und Zusammenwirken des Vorstands und Aufsichtsrats bei Compliance-Untersuchungen, ZGR 76, 97 (2014).

37)　執行機関と監督機関はコンプライアンス代表者にとり同格の報告対象とするのが、投資サービス業者の行為と組織に関する規則第12条第4項第1文（2017年改正前）（§ 12 Abs. 4 S. 1 WpDVerOV）である。*Matthias Casper,* 'Rechtliche Grundlagen und aktuelle Entwicklungen der Compliance am Beispiel des Kapitalmarktrechts' in Schriftenreihe der Bankrechtlichen Vereinigung (ed), Bankrechtstag 2008 : Verbraucherschutz im Kreditgeschäft, Compliance in der Kreditwirtschaft (de Gruyter Verlag, Berlin 2009) 139, 159.

る事実が必要か、です。

　たとえば、わが社の現状に鑑みて設置は不要とする決定があり、取締役会がコンプライアンス担当部署を設置しなかった場合、その会社の監査役会はリスク分析の一環として、コンプライアンスを受け持つ組織が本当に不要か、取締役会から独立して検証せねばなりません。これは、会社の組織を検証する一般的な義務に含まれ[38]、毎年実施しなければならない検証ではないものの、会社内の環境が変わるたびにおこなわれなければなりません。たとえば会社が十分に成長した場合がこれにあたります。

　一方、取締役会によりコンプライアンス担当部署が設置してある場合ですが、このとき監査役会の検証に求められるいくつかのポイントがあります。第一に、監査役会は、担当部署を取締役会が監視しているかどうか、取締役会がみずから立てたガイドライン、たとえば、CCO（コンプライアンス担当部署の長）は少なくとも毎月一回取締役会に報告を上げる、などに外れていないかを検証しなくてはなりません[39]。第二に、監査役会は、継続的にでなくてもよいのですが、コンプライアンス担当部署が取締役会の立てた方針を墨守しているかどうか検証しなくてはなりません。最後に、担当部署の実効性の検証です[40]。

　監査役会による監督がどのくらい詳細であるべきかに関しては、いくつかの観点があります。考慮しなくてはならないのは、会社の規模にかかわらず、過

---

38) *Mathias Habersack* in Wulf Goette and Mathias Habersack (eds), Münchener Kommentar zum Aktiengesetz (vol 2, 4th ed, C.H.Beck Verlag München 2014) S 111 paras 20, 51 ; *Martin Winter,* 'Die Verantwortlichkeit des Aufsichtsrats für 'Corporate Compliance" in Peter Kindler, Jens Koch, Peter Ulmer and Martin Winter (eds), Festschrift für Uwe Hüffer zum 70. Geburtstag (C.H.Beck Verlag, München 2010) 1103, 1119（そこに掲げられた文献も）.

39) *Marcus Lutter,* 'Aufsichtsrat und Sicherung der Legalität in Unternehmen' in Peter Kindler, Jens Koch, Peter Ulmer and Martin Winter (eds), Festschrift für Uwe Hüffer zum 70. Geburtstag (C.H.Beck Verlag, München 2010) 617, 619.

40) 同旨として *Jochem Reichert/Nicolas Ott,* Die Zuständigkeit von Vorstand und Aufsichtsrat zur Aufklärung von Non Compliance in der AG, (2014) 17 NZG 241 (244 f.).

去その会社で違法な行為がどのくらいの頻度で生じたか、そしてその会社の事業の種類に応じたリスクの水準です。ただし、原則としては、違法行為が会社内部でおこなわれたかどうか不意打ちで調査することまでも監査役会に要求はできません。不意打ちによる調査は、取締役会と監査役会の信頼に基づく協調を危うくするでしょう[41]。取締役会からの報告が、ここでもまたあくまでも原則論ですが、その正確性において監査役会の唯一の情報源であり、その分取締役会は監査役会に対する関係で最上級の誠実さを示さなければなりません[42]。これに飽き足らず、監査役会に情報収集の権利、とくに、取締役会の影響を離れたところで職員を調査する権利、を与える方向で論ずる意見があります が[43]、そういう方々は職場の雰囲気や信頼に基づく取締役会と監査役会の協働に及ぼす悪影響を軽視していると思います[44]。そうした、コンプライアンス担当部署や職員に監査役会から直接の権限が及ぶことは通常避けられるべきで、

---

41) *Martin Winter,* 'Die Verantwortlichkeit des Aufsichtsrats für "Corporate Compliance" in Peter Kindler, Jens Koch, Peter Ulmer and Martin Winter (eds), Festschrift für Uwe Hüffer zum 70. Geburtstag (C.H.Beck Verlag, München 2010) 1103, 1110 et seq.

42) Ibid 1121.

43) *Mathias Habersack,* 'Grund und Grenzen der Compliance-Verantwortung des Aufsichtsrats der AG, (2014) 59 AG 1, 6 et. seq ; 同, 'Zur Aufklärung gesellschaftsinternen Fehlverhaltens durch den Aufsichtsrat der AG, in Mathias Habersack, Karl Huber, Gerald Spindler (eds), Festschrift für Eberhard Stilz zum 65. Geburtstag (C.H.Beck Verlag, München, 2014) 190, 199 et seq ; *Patrick C. Leyens,* Die Information des Aufsichtsrats (Mohr Siebeck Verlag, Tübingen 2006) 182 et. seq.; *Rolf Nonnenmacher, Klaus Pohle and Axel von Werder,* 'Aktuelle Anforderungen an Prüfungsausschüsse – Leitfaden für Prüfungsausschüsse (Audit Committees) unter Berücksichtigung der 8. EU-Richtlinie' (2007) 60 DB 2412, 2415.

44) 例えば *Michael Arnold,* Verantwortung und Zusammenwirken des Vorstands und Aufsichtsrats bei Compliance-Untersuchungen, ZGR 2014, 76, 90 et seq ; *Tobias Bürgers,* 'Compliance in Aktiengesellschaften, Arbeitsteilung zwischen Vorstand und Aufsichtsrat sowie innerhalb der Organe', ZHR 179 (2015), 173, 195 et seq.; *Eckart Sünner,* 'Rechtliche Grundlagen für Aufsichtsratsprüfungsausschüsse und ihre Aufgabenwahrnehmung auf dem Gebiet der Compliance' (2008) 1 CCZ 56, 59.

現に疑わしい状況が存在し、それにもかかわらず取締役会やコンプライアンス担当部署が事情解明に積極的でない場合に限って認められます。

最初の一歩としては、監査役会の会議にCCOが出席の上、会社内のコンプライアンス活動について直接報告を受ける旨、監査役会が取締役会に要請しなければならないとするのがよいと思われます[45]。ただ、CCOには、原則として監査役会への報告義務はありません。その例外は、前述の通り取締役会ぐるみでコンプライアンスにかかわる違反に関与していた場合です。

監査役会は、平時には、取締役会から定時報告があれば満足するかもしれませんが[46]、その報告の中に何らかの不一致を見出したり、取締役会の報告にコンプライアンス上見逃せない事象の累積が記載されているような場合には、監査役会が調査を開始するでしょう。また、かつて取締役会構成員だった現監査役会構成員に対する調査には、そういう経歴ゆえにその人だけが知りえたことがあるとして、より厳格な基準が用いられることもあるでしょう[47]。

3 小　　括

金融機関の規制法は、コーポレート・ガバナンスの文脈で、重要な推進力を提供していますが、金融機関に対する特則が一般事業会社に与える直接の影響はありません。ただし、金融機関向けのルールは、ほかの業界の会社が見習うべきベストプラクティスを示していると言えます。

---

45) *Marcus Lutter,* 'Aufsichtsrat und Sicherung der Legalität in Unternehmen' in Peter Kindler, Jens Koch, Peter Ulmer and Martin Winter (eds), Festschrift für Uwe Hüffer zum 70. Geburtstag (C.H.Beck Verlag, München 2010) 617, 619.

46) *Thomas Kremer and Christoph Klahold,* 'Compliance-Programme in Industriekonzernen' (2010) 174 ZGR 113, 124 ; *Martin Winter,* 'Die Verantwortlichkeit des Aufsichtsrats für 'Corporate Compliance' in Peter Kindler, Jens Koch, Peter Ulmer and Martin Winter (eds), Festschrift für Uwe Hüffer zum 70. Geburtstag (C.H.Beck Verlag, München 2010) 1103, 1122.

47) *Martin Winter,* 'Die Verantwortlichkeit des Aufsichtsrats für 'Corporate Compliance'' in Peter Kindler, Jens Koch, Peter Ulmer and Martin Winter (eds), Festschrift für Uwe Hüffer zum 70. Geburtstag (C.H.Beck Verlag, München 2010) 1103, 1123.

Ⅳ 金融機関の監査役会に関する規制

1 金融機関の監査役会構成員に要求される資格

　金融機関を対象とした規制法は、監査役会の専門家集団化を推し進めています。かつては監査役会構成員に課せられる一般的な注意義務から導くほかなかった義務や構成員資格は、金融機関規制法に精緻に明文化されています。株式法第100条は監査役会構成員の資格一般を定めていて、制限能力者でない自然人であることを求めています。株式法の第116条、第93条第1項第1文によると、監査役会構成員に求められる注意義務の程度は、念入りで意識的な構成員（a diligent and conscious member）のそれ、となります。連邦最高裁は、ヘルティ判決（*Herthie*）と呼ばれる著名な裁判で、監査役会構成員ならば、会社が通常おこなう営業上の取引を理解し、評価するのに必要な能力と知識を有する者でなければならないとしました[48]。裁判所はこの要求を株式法第111条第5項から導きましたが、この条文は監査役会構成員がその任務をほかの者に委ねてはならないことを要求する条文です。監査役会構成員は、必要な専門能力を自ら獲得せねばならないということです。しかしながら、監査役会構成員が例外なく、会社の営業の隅々について専門知識をもつ必要はありません。監査役会が全体として、自らに課せられた任務を果たせるならばそれで足りるのであり、構成員の中に会社で起きていることを理解する者がいればよいのです[49]。

　監査役会構成員に必要な資格を定める条文は、残念ながら、ドイツの株式会

---

48)　BGH, 15 Nov 1982 - II ZR 27/82 = BGHZ 85, 293 et seq.

49)　同旨 *Volker Lang & Peter Balzer,* Handeln auf angemessener Informationsgrundlage - zum Haftungsregime von Vorstand und Aufsichtsrat von Kreditinstituten, WM 1167, 1171 (2012) ; *Patrick Leyens & Frauke Schmidt,* Corporate Governance durch Aktien-, Bankaufsichts- und Versicherungsaufsichtsrecht : Ausgewählte Einflüsse, Impulse und Brüche, AG 533, 539 (2013).

社法にこれ以上見つけることはできません。そのような状況下で、この十年間というもの、監査役会の専門家集団化をめぐる激しい議論が展開しました[50]。リーマンショックをきっかけとしてドイツの立法者は、金融機関の監査役会についてこの専門家集団化を加速しました。2009 年の施行以降、現行信用制度法第 36 条第 3 項は、監査役会構成員は信頼できる人物で、監査の任務を全うし、会社のおこなう取引を監視し、評価するのに必要な知識を有する人物であらねばならぬと、明確に指摘しています。この規定については、ドイツの会社法に類例のない状態がつづいており、そこでいわれる「必要な専門知識」を定義するには、それが会社のおこなう取引の範囲と複雑さに応じて異なるがゆえに、先ほど述べたヘルティ判決をめぐる議論を参考とすることになります[51]。ところが、そこに定められた監査は、会社法の要求よりも広い範囲に及びます。たとえば、金融機関の監査役会構成員は全員が会計の知識を持たなければならないとされるのに対し、一般事業会社においては構成員のうち一人で足りるとされています（株式法第 100 条第 5 項）[52]。バーゼル III の原則を欧州がふ

50) 詳しくは例えば *Meinrad Dreher,* Die Gesamtqualifikation des Aufsichtsrats in Gerd Krieger, Marcus Lutter & Karsten Schmidt (eds), Festschrift für Michael Hoffmann-Becking zum 70. Geburtstag, 313 et seq. (C.H.Beck Verlag 2013).

51) *Volker Lang & Peter Balzer,* Handeln auf angemessener Informationsgrundlage - zum Haftungsregime von Vorstand und Aufsichtsrat von Kreditinstituten, WM 1167, 1171, 1172 (2012) ; *Thorsten Lehrl,* Sachkunde – Zuverlässigkeit – persönliche Ausschlussgründe von Aufsichtsräten gemäß § 36 Abs. 3 KWG, BKR 485, 495 (2010); *Tim Oliver Brandi & Konrad Gieseler,* Der Aufsichtsrat in Kreditinstituten : Persönliche Voraussetzungen, Sanktionen und Ausschüsse nach geltendem Recht und CRD IV, NZG 1321, 1325 (2012) によると、ヘルティ判決の求めるところと信用制度法第 36 条第 3 項の要求とは、本質的に同じだという。

52) *BaFin,* Merkblatt zur Kontrolle von Mitgliedern von Verwaltungs- und Aufsichtsorganen gemäß KWG und VAG v. 3.12.2012, p. 3. http://www.bafin.de/SharedDocs/Veroeffentlichungen/DE/Merkblatt/mb_121203_kontrolle_ar_vr_ba_va.html（2014 年 5 月 20 日確認済み）; *Joachim Kaetzler and Christian Hoops,* Der Aufsichtsrat in der Finanzbranche : Ein Ausnahmemodell von der gesellschaftsrechtlichen Grundkonzeption, BKR, 192 (2013).

たたび実現するための、自己資本指令（CRDIV）[53]の国内法化により、2015年初頭に施行される信用制度法改正第25d条が登場し、監査役会に対する従来の要件に加え、監査役会構成員は自らの職責に十分な時間を費やさねばならなくなります（第25d条第1項）。監査役会は、規制法のコンプライアンスについても業務執行者を監督する義務を負い（第25d条第6項）、その上、金融機関は監査役会構成員の教育とさらなる訓練に十分なコストをかけねばならないのです（第25d条第4項）。

たしかに、これらの義務を果たせば、監査役会の専門家集団化は進むはずです。もちろん、いわゆるリーカネンレポートが強調するとおり、システム上の重要性と銀行特有のリスクに鑑みるとき、「銀行のガバナンスと監督は、銀行以外のそれよりもはるかに重要」です[54]。しかし、金融機関の監査役会に課されるルールが細かなものになればなるほど、結局は、監査役会の機能不全に対して立法者がますます細心になってしまうわけです[55]。金融業界に特有の事情と、リーマンショックのおかげで、これらの機能不全が、金融機関について明確になってしまいましたが、この改正のせいで、監査役会の専門家集団化についての広汎な議論が再燃するかもしれません[56]。

2　必置の委員会

この延長でもう一つ重要なのは、監査役会に必置の委員会で、それらが今後

---

53) The CRD IV package, http://ec.europa.eu/internal_market/bank/regcapital/legislation_in_force_en.htm#maincontentSec1（2014年5月30日確認済み）.

54) Report of the European Commission's High-level Expert Group on Bank Structural Reform (Liikanen report), October 2012, p. 105, http://ec.europa.eu/internal_market/bank/docs/high-level_expert_group/report_en.pdf（2014年5月20日確認済み）.

55) この点を強調する *Katja Langenbucher,* Bausteine eines Bankgesellschaftsrechts : Zur Stellung des Aufsichtsrats in Finanzinstituten, 176 ZHR, 652, 666 et seq. (2012).

56) 参照 *Matthias Merkelbach,* Professionalisierung des Aufsichtsrats – CRD IV wirft ihren Schatten voraus, Der Konzern 227, 234 (2013).

はますます重要な役割を果たす点です。株式法第107条第3項第1文第2文によると、監査役会はその構成員を以て、一つないしそれ以上の委員会を、とくに会議や決議を準備するため、あるいは、その決議の執行を監査するために、設けなければなりません。なかでも、会計の過程の実効性と、内部監査体制（Internal Control System）・リスク管理体制（Risk Management System）・さらに内部評価体制（Internal Revision System）の実効性の監査を担い、営業年度ごとの監査を担う監査委員会を置くことができます。GCGCも、企業の特性と構成員数に応じ、監査役会が十分な専門知識を持った委員会を設置するよう推奨しています（項5.3.1.）。監査委員会と指名委員会の設置も推奨です（義務ではありません）（項5.3.2.、項5.3.3.）。ただ、これらは、多くの大規模な金融機関ならば実際上あたりまえに設置されている委員会です。

　2015年初頭、規制法がまた一歩先に進みました。信用制度法第25d条第7項～第12項によって、金融機関は、監査役会構成員から成る、監査委員会、指名委員会、報酬委員会、そしてリスク委員会を、会社の規模、内部組織と取引の性質と範囲と複雑さ、そしてリスクの水準に応じて、設置しなければならなくなります。委員会の委員として、監査役会構成員は、所属した委員会それぞれの職責は重くなります[57]。

　以上のように、ドイツにおいて、委員会に監査役会から多くの業務が移行してゆくと、単層制と二層制とはますますまじりあってゆきます。基礎となるEU指令は、ドイツ会社法の採用する二層構造に格別配慮を示さないからです。必置の委員会の専門家集団化や、監査役会構成員に対する能力的な要求を高めることは、双方を併せると、取締役会の業務と監査役会の業務が融合する方向へ一歩踏み出したようにも見えます[58]。もちろん監査役会は経営判断を担いま

---

57) これらの委員会について詳しくは *Katja Langenbucher,* Bausteine eines Bankgesellschaftsrechts: Zur Stellung des Aufsichtsrats in Finanzinstituten, 176 ZHR, 652, 657 et seq. (2012).

58) *Joachim Kaetzler and Christian Hoops,* Der Aufsichtsrat in der Finanzbranche: Ein Ausnahmemodell von der gesellschaftsrechtlichen Grundkonzeption, BKR 192, 197

せん。ですが、取締役らを監査したあとの進展によっては、監査役会は会社の運営に対してますます具体的な関与を深めるでしょう。これは、監査役会が、取締役らを事後的に監査するのみならず、事前の助言を与えているという事実とも整合的です[59]。

こうした展開と整合的なもう一つの例が、監査役会の情報収集権です。株式法第90条によると、取締役会は監査役会に対して報告の義務を負い、監査役会が直接に従業員から情報を集めるのは例外とされています[60]。ところが、信用制度法第25d条第8項は、リスク委員会の委員長または監査役会の会長には、リスク管理の責任者や内部監査の責任者に対する質問権が認められています。結果として、単層制と二層制の融合がしずかに進むのです。ここでも、規制法が、一般的なコーポレート・ガバナンスの論点のきっかけを提供しているわけです。

金融機関において特別な委員会を監査役会内に設置する義務は、コーポレート・ガバナンスの原則として扱われるべきでない、特殊なものです。すでに述べたとおり、委員会の中には設置が任意なものもあり、任意の委員会であっても特別な機能を担わざるを得なくなってきています。たとえば、もはや監査役会本体では担当しない、リスク委員会のリスクコントロールがそうです。そこでの問題は、そうした委員会の決定が監査役会本体を拘束すると考えるかどうかです。会社法の原則からすると、拘束力ある決定が下せるのは、監査役会本体でなければなりません。この問題をどうおさめるか、ドイツの文献での議論は沸騰しています。簡単にまとめてしまうと、金融機関への規制法は一般の会

(2013).

59) *Patrick Leyens & Frauke Schmidt,* Corporate Governance durch Aktien-, Bankaufsichts- und Versicherungsaufsichtsrecht : Ausgewählte Einflüsse, Impulse und Brüche, AG 533, 534 (2013).

60) 大きな論点である。*Mathias Habersack* in Wulf Goette & Mathias Habersack (eds), Münchener Kommentar zum Aktiengesetz, s. 111 para. 68 et seq (vol. 2, 4th ed., C. H.Beck Verlag 2014).（株式法第109条第1項第2文と同第111条第2項第1文に関わる。）

社法への上乗せと考えられています。規制法が委員会に課す義務の範囲では、彼らの下さねばならない決定について責任を負うのは当該委員会だけということになります。しかし、この決定が営業全体にさまざまな結果をもたらすとき、それらの結果は監査役会本体で議論しなければなりません。監査役会本体は、委員会の下した決定の一つ一つに責任を負うので、義務として各委員会を監査せねばなりません。これは確実に状況を複雑化させています。しかしこれは、規制法と会社法とが撚り合わされていることの帰結です。

V 結 論

この十年というもの、金融機関のコーポレート・ガバナンスは無視できないものとなりました。規制法が特則を設け、金融機関に特有の事情(必要性やリスク)を汲みとっています。そうした特則が、コーポレート・ガバナンス論一般に波及することはありません。一方で、金融機関向けの特則を会社法一般に用いることが有意義か否か、慎重に検討する必要があります。そこでは、規制法上の特則の中にいわば「先導役 pacemaker」になるものがあることを見逃すわけにはいきません。コンプライアンス担当部署の設置強制をどう考えるかについてお話ししたように、会社法は規制法に学ぶことができます。一般化には慎重な検討が欠かせませんが、銀行や保険会社のような金融機関に特有のリスク構造を反映していないものについては一般化を肯定できるでしょう。

第二講演
シャリーア監督委員会と
シャリーア適合性審査[*]
―― ヨーロッパからみるコーポレート・ガバナンスとの関連 ――

山 内 惟 介 訳

目　次

Ⅰ　はじめに
Ⅱ　シャリーア委員会の定義と職務
　1　概　　観
　2　シャリーア委員会の職務
Ⅲ　ヨーロッパのコーポレート・ガバナンスからみたシャリーア委員会
　1　取締役会（または業務執行委員会）の独立性
　2　シャリーア委員会の独立性
　3　適格性と利益相反
Ⅳ　ヨーロッパのコーポレート・ガバナンスからみた社内シャリーア適合性審査制度
Ⅴ　シャリーア適合性とシャリーア適合性リスク
Ⅵ　結論と要約

I　はじめに

　イスラーム教の預言者ムハンマドは、その言行録「ハディース」の一節において、こう述べています。「金には金、銀には銀、小麦には小麦、大麦には大麦、ナツメヤシにはナツメヤシ、塩には塩、というように、等しいものに等しいものを手と手で交換し合うこと。交換取引において、自己の支払額を相手方のそれよりも多くしたり、相手方の満足度を高めたりした者は皆、リバー（見返り禁止行為、一方の当事者の取り分が他方のそれよりも増える状況）をおこなったことになる」[1]と。利得を得た者も利得を与えた者も、犯した罪には変わりがありません。「アラーは取引をお許しになられたが、高利を禁じられた」というコーランの一節（第2章第275節）と結び付けてこの文章を読んでみると、リバー禁止の是非が何世期にもわたって論争の種となっていたことが分かります[2]。尤も、私は、今日のこの特別講義で、リバー禁止の背後にある特定の論理の当否を論じるつもりはありませんし、その必要もありません。というのは、今日、数百万のムスリムは皆、世界のどこに住んでいようとも、実際、「利子を求めてはならない」というルールに忠実に従って生活しているからです。このようにみると、ムスリムがシャリーアに適合する金融商品を捜し求めていることが分かります。それは、どのような投資も、神の法に定められた諸原理と合致するようなかたちでおこなわなければならないと彼らが考えている

＊　第二講演の内容は、私が幾度かにわたっておこなった複数の講演に基づく。引用は網羅的なものではない。最初は、*Preprints and Working Papers of the Center for Religion and Modernity* として http://ssrn.com/abstract=2179412 に公表され、その後、Blaurock (Hrsg.), The Influence of Islam on Banking and Finance, Schriftenreihe der Ernst von Caemmerer-Stiftung, 2014, S. 41-58. に収録されている。

1) この点はハディース主要部分の拾遺に述べられている。この個所については、たとえば、*Lohlker*, Das islamische Recht im Wandel, Münster 1999, p. 30 参照。
2) リバーに関する論議については、たとえば、*Saeed*, Islamic Banking and interest, Leiden 1999, pp. 41 参照。

ためです。こうした要請を反映して、いわゆるイスラーム銀行業務は約四十年にわたって年率二桁の高い成長を示してきました。世界全体でみると、連合王国のように離散者（故国喪失者）が集まる国でさえ、イスラーム金融はすべての分野で発展してきました。

すぐに連想されるのが、イスラームの利息（見返り行為）禁止制度は連合王国のような世俗の国でも適用されるのだろうかという疑問です。しかしながら、このような問いの立て方は、問題提起の仕方として、正しいものではありません。それは、保守的なイスラーム諸国においてさえ、シャリーア法が直接にこの問題の準拠法となることはないからです。これらの国でも、とくに民法および商法の分野は、普通、公的機関（世俗の裁判所）によって、すなわち国家が制定した法によって、規律されています。国家法は、普通、利息を禁止していません。イスラーム金融は、イランとスーダンを除けば、どの国でも任意の制度です。このようにみると、イスラーム金融をつぎのように定義することができましょう[3]。つまり、イスラーム金融とは、シャリーアのルールに沿っておこなわれるすべての金融サーヴィスをいうのであって、契約自体が世俗（国家）の管轄権に服している場合であっても、このことに違いはありません。イスラーム宗教法が契約準拠法として指定された例は、これまでのところ、まったく知られておりません。

イスラーム金融に関して世俗法と宗教法とが併存していることを考慮すると、イスラーム金融についてはつぎの三つのモデルを区別することができます。

第一のモデルは、どちらかといえば例外に当たりますが、宗教法が直接に適用される（スーダンやイラン）とか、国家が定めた法律に代えて、イスラーム法が例外基準として適用される（パキスタン）とかのかたちで、国家の宣言が存在する形態です。第二のモデルは、多くの湾岸諸国に見出される形態です。バーレイン王国——イスラーム金融にとって最も重要な金融センターの一つ

---

[3] *Casper*, in: Jansen/Oestmann, Gewohnheit. Gebot. Gesetz, Tübingen 2011, pp. 301, 305.

——は、イスラーム金融にとって最も重要なハブの一つとなっています。バーレインを例に挙げるのは、イスラーム金融の全体像を示すことができるからです。これらの国は普通の銀行とイスラーム銀行との二元体制を採用しているという点で、特徴を示しています。通常（世俗）の法では、イスラーム銀行は、独自性を有する一つの類型として捉えられています。この類型に属する銀行は、「イスラーム銀行がすべての業務を取り扱っているときは、当該イスラーム銀行はイスラーム法が掲げる目標と原則に従う」という安全弁で保護されています。イスラームの金融商品と世俗の金融商品、両者を提供する伝統的な銀行（イスラームへの窓口を設けている銀行）からみると、この制度は、少なくともそこで提供されるイスラーム金融商品についてはシャリーアを遵守していることが保証されているという趣旨に理解することができます。

しかしながら、シャリーアを遵守しているかどうかを確認することは、世俗の銀行を監督する官庁やその他の政府機関の職務ではありません。そうではなくて、個々の金融機関自体がこの種の監督をおこなっているのです[4]。それは、シャリーア監督委員会（Sharia Supervisory Board (SSB)）（以下、シャリーア委員会と略記）を設置することが金融機関に義務付けられているからです。シャリーア委員会は銀行を監督する義務を負うだけでなく、同時に、当該金融機関の商品および運営がシャリーアの戒律に従っていることを確認する義務をも負っているのです。シャリーア委員会のメンバーには、経済・金融に関する事情に精通したイスラーム法学者（いわゆるシャリーア学者）が含まれています。イスラーム法学者は、彼らが参加するシャリーア委員会を設置した金融機関からそれぞれ報酬を受け取りますが、当該金融機関に雇用されているわけではありません。シャリーア委員会の設置は、このように、法律上の義務となっ

4） たとえば、バーレイン中央銀行ルールブック（the Central Bank of Bahrain Rulebook）の Vol. 2 Part A, HC 9.2.1 によると、どのイスラーム銀行も「イスラーム金融機関のための会計・監査機関（Accounting and Auditing Organization for Islamic Financial Institutions (AAOIFI)）のイスラーム金融機関のためのガバナンス基準第1号および第2号（No. 1 and No. 2）に従って、独立したシャリーア委員会を設置する」よう要請されている。http://cbb.gov.bh 参照。

ています。こうみると、シャリーア委員会こそが今日のイスラーム金融商品形成の中核的役割を担っているのです。

　これとまったく状況を異にするのが第三のモデルです。住民の大部分がムスリムではない国、たとえばヨーロッパ連合加盟諸国がこの形態をとっています[5]。これらの国は、イスラーム銀行がシャリーアに適合したやり方で運営されているか否かという点に関心を持っていません。これらの国のイスラーム銀行はシャリーア委員会を設置することができますが、シャリーア委員会の設置は法律上の義務ではありません。それでも、これらの銀行がイスラーム金融商品を顧客に提供しようとすれば、当該銀行は、彼らの取引行為——少なくともその金融商品——が、取引の目的等においてシャリーアに適合していることを投資者に証明する旨を規定しておく必要があります。世俗の国々では彼らにそうした義務はありませんが、シャリーア委員会は、比喩的に言えば、一方の、宗教法と、他方の、イスラーム原理を固く信仰する道を選んだ投資者とを結び付ける「接続用水路」の役割を果たしています。このモデルに属する最も重要な国としては、五つのイスラーム銀行を有する連合王国が挙げられます。イスラーム銀行が確固たる地位を築くようになれば、ドイツもやがてこれに倣うことでありましょう。トルコの銀行「Kuveyt Türk Katılım Bankası」がドイツで初めてシャリーアに適合する銀行を設立しようとして申請をおこなっていますが、この申請を認めるか否かに関するドイツ連邦金融監督庁（Bundesanstalt für Finanzdienstleistungsaufsicht (BaFin)）の判断がまもなく下されるはずです。今日までの状況をみる限り、ドイツのムスリム社会では、イスラーム金融に対する需要はさほど大きくはありません。

　以上の概観が示すとおり、重要な役割を果たしているのは、各金融機関内に設けられたシャリーア委員会とシャリーア適合性審査部です。シャリーア委員会およびシャリーア適合性審査部に関する論点は、コーポレート・ガバナンス

5）　ヨーロッパ連合加盟諸国におけるイスラーム金融に関する規律事項の概観については、*Khan, M. F. / Porzio, M.*, Islamic Bankig and Finance in the European Union, Cheltenham 2010 参照。

とも密接に関連しています。以下では、まず、シャリーア委員会の役割——とくに、シャリーア適合性審査部との違い——を説明しましょう。シャリーア委員会のガバナンスを良好に保つことを意図して、イスラーム金融機関のための会計・監査機関（Accounting and Auditing Organization for Islamic Financial Institutions (AAOIFI)）およびイスラーム金融サーヴィス委員会（Islamic Financial Services Board (IFSB)）が設けたルールを簡単に紹介した後、これらのルールが、金融機関のコーポレート・ガバナンスを良好に保つことに関する「ヨーロッパ」の理解と一致しているかどうかという点に焦点を当てて説明致します。この特別講義で「ヨーロッパのコーポレート・ガバナンス」に触れる場合、重要なことですが、以下で述べる内容はヨーロッパ・コーポレート・ガバナンス綱領にまだ採用されていないという点を強調しておきたいと思います。これらの項目は、最近の2011年4月のコーポレート・ガバナンス緑書および2010年の金融機関のためのコーポレート・ガバナンス緑書のどちらにも採用されています。しかし、以下で「ヨーロッパのコーポレート・ガバナンス」という用語を使うときは、ヨーロッパ連合の多くの加盟国、とくにドイツと連合王国に共通して理解されている意味で、この言葉を使用することとします。

　最後に、この特別講義では、シャリーア適合性の問題をヨーロッパのコーポレート・ガバナンスの問題に統合できるかどうかという点にも焦点を当てる予定です。

II　シャリーア委員会の定義と職務

1　概　　観

　当然のことですが、シャリーア委員会の大多数が世界的規模で活動するならば、シャリーアに適合する銀行取引を世界的規模で統一的に理解することができるようになるはずです。イスラーム金融の標準化に資する主要な非政府間組織は二つあります。その一つは、バーレインにあるイスラーム金融機関のため

の会計・監査機関です。もう一つは、マレーシアにあるイスラーム金融サーヴィス委員会[6]です。この委員会も、世界的な規模を有するイスラーム金融の二番目に大きなセンターであるクアラルンプールと同様、重要な役割を果たしています。これら二つの大規模な基準設定組織のどちらも、スンニ派に属する四つの宗派[7]のいずれか一つに従うことを認めています。これら四つの宗派は、個々の金融商品がシャリーアに照らして適格であるか否かを決定する上で重要な役割を果たしています[8]。

　これら二つの組織は、ドイツのコーポレート・ガバナンス綱領に似た基準を多く定めてきました。これらの基準は典型的なソフト・ローです。しかし、これには例外があります。それは、前述の類型でいうと、「第二のモデル」に属する諸国です。マレーシアおよびバーレインの世俗法ではこれらの基準のうちのいくつかに言及されています。これら両国の世俗法では、イスラーム銀行に対しそれらの基準に服することが明文で必要とされているのです。

　これらの原則については、後に、これらの原則がコーポレート・ガバナンスに関するヨーロッパの理解と一致するか否かを論じる際に、あらためて、検討することにします。

2　シャリーア委員会の職務

　シャリーア委員会の最も重要な業務は、金融商品がシャリーア法に適合して

---

[6]　イスラーム金融サーヴィス委員会（Islamic Financial Services Board（IFSB））はホームページにみずからの存在意義を「イスラーム金融サーヴィス委員会は、グローバルな規模で熟慮された基準を定め、かつ、イスラーム金融サーヴィス企業のための指針を設けることによって、イスラーム金融サーヴィス企業の健全性と安定性を推進しかつ増進するような国際基準を設定する組織の一つである」と明示している。

[7]　これらの宗派は、いずれもその創設者の名にちなんで、ハナフィー派（*Hanafi*）、シャフィイー派（*Shafi'i*）、ハンバリー派（*Hanbali*）およびマリキ派（*Maliki*）と呼ばれる。これらの宗派の成立とその特徴に関する詳細については、たとえば、*Hallaq*, An Introduction to Islamic Law, Cambridge 2009, pp. 31 参照。

[8]　詳しくは、*Casper*, Corporate Finance Law, 2012, 170, 172 参照。

いる旨を認証することです（前述1）。シャリーア委員会は、金融商品がシャリーア法に適合しているか否かを監督する業務を担っています。金融商品がシャリーアに適合するかどうかを審査する委員会には、普通、三名のシャリーア学者が参加します。適合性の有無に関する審査の過程は、概して、明確にはなっていません。審査を終えた後、シャリーア委員会は「ファトワー」と呼ばれる「法律意見書」を公表します。シャリーア委員会は、シャリーアに適合しているとか、適合していないとかという意見を意見書で述べることになっています。ファトワーそれ自体はイスラーム法の法源とはみなされていません[9]。それでも、ファトワーを執筆する各法学者の権威が尊重されているところから、ファトワーは熱心なムスリムに対して拘束力を持っています。典型的な事例は後ほど紹介しますが、ファトワー――これは、普通、英語で書かれたり、少なくとも英語に翻訳されたりしています――は、しばしばインターネットで公開され、その結果、広範囲にわたって、公衆の利用に供されています。しかしながら、ファトワーに示された法律意見の論拠も論証も、普通の場合、ファトワーには記載されていません。それゆえ、シャリーア委員会の法律意見がどのような根拠に基づいているのかという点については、立入った分析が必要となっています。

　認証という業務は監督業務に付随するものです。監督業務はイスラーム銀行にとって格段に重要なしごとです。この業務がどのような内容を有するかは、すでにしてシャリーア委員会というその名称から、すぐに推測することができます。イスラーム銀行の場合、シャリーア委員会は、事業組織全体がイスラーム法の諸原理と合致しているということを保証するために、事業組織全体を審査の対象としています。その際に重要な役割を果たしているのが、イスラーム金融機関のための会計・監査機関が設けたシャリーア基準――それに、イスラ

---

9) ファトワーの制度およびその適用可能性については、*Hallaq*, The Origins and Evolution of Islamic Law, Cambridge 2005, pp. 62, 88-89 ; *Rohe*, Das islamische Recht, 2009, S. 74 f. ; *Krawietz*, Der Mufti und seine Fatwa, Die Welt des Orients 26 (1995), pp. 161-180 参照。

ーム金融サーヴィス委員会が設けた諸原理に関連するシャリーアのいくつか——です。たとえば、イスラーム銀行は（宗教法の下では）違法なビジネス目的を有する会社に投資することを許されていない、としましょう。違法なビジネス目的の例として挙げられるのは、アルコール、豚肉使用製品、猥褻雑誌の発行などです。シャリーア学者の幾人かは、このほか、エンターテインメント・メディアの類への投資さえも禁じています[10]。というのは、彼らの言によれば、そうしたものは「下品としか言いようがない」と考えられているからです。

　しかしながら、このような内容を、あるビジネスの経営に流動性があるとか儲けがあるとかという点を審査するシャリーア委員会の業務とみることはできません。この点の判断は、世俗の監督委員会や当該銀行の取締役会の業務に属することです。

　シャリーア委員会が担う第三の業務は、普通、監督業務と呼ばれているものです。市場に新しい製品を紹介したり、新しい金融商品を開発したり、新しい投資ファンドを設けたり、また新しい投資政策を開発したりといった行為をおこなう前に、経営者はしばしばシャリーア委員会のアドヴァイスを求めています。この点に留意すれば、「監督業務」という用語法は適切であると考えられます。シャリーア委員会は、要請された範囲内で、たしかにある種の監督業務をおこなっています。とはいえ、シャリーア委員会は、世俗の委員会とまったく同様に、毎年二回ないし四回の会合しか開いていません。このようにみると、シャリーア委員会は、事実上、現に進行中のコンサルティングについては利用されていないといえましょう。助言という業務は、シャリーア委員会の認証業務および監督業務とは牴触する可能性があります。それは、みずからが認証ないし監督という業務を執行する際の評価対象行為にみずからが関与することとなってしまうからです。こうした理由から、イスラーム金融サーヴィス委

---

10) たとえば、Dow Jones Islamic Market Indexes Rulebook, p. 4, http://www.djindexes.com/mdsidx/downloads/rulebooks/Dow_Jones_Islamic_Market_Indices_Rulebook.pdf（2012年10月7日確認済み）参照。

員会は、とくに、シャリーア委員会の設置だけでなく、社内シャリーア適合性審査部を設置することを推奨しています[11]。社内の審査部は、日常業務が宗教上の諸原理に違反しているかどうかの判断を下す責任を負います。銀行は、往々にして、社内のコンサルタントに頼りがちである。しかし、概して金融部門の経験しか持たない社内コンサルタントが、たとえ経験を活かしてイスラーム法上の諸問題に精通しているとしても、シャリーア委員会の質と比べると、両者の間にはなお大きな隔たりがあります。というのは、社内コンサルタントは法学者ではないので、ファトワーを公表することができないからです。実際にも、シャリーア委員会と社内コンサルタントが併存する状況がみられます。しかしながら、法規範を適用できるか否か、宗教法と投資者とをつなぐ「接続用水路」の役割を果たすことができるか否かという観点からみると、外部のシャリーア委員会が唯一の重要な機関であることは明らかです。この点こそが、ヨーロッパのコーポレート・ガバナンスとの一致の有無を分析する上でシャリーア委員会がなぜ重要なのかの理由となりましょう。

シャリーア委員会がこうした業務を遂行する場合、シャリーア助言者を金融機関の内部に組み込むモデルは、以下のように、三通り考えられます。

第一に、理論的にみると、シャリーア学者と経営委員会や取締役会とを一体とみることができるか否かについては議論の余地があります。しかし、実態をみると、普通の場合、シャリーア学者がただ一つのイスラーム金融機関のためにフルタイムのしごとを引き受けるといったことはありません。イスラーム金融機関の側でも、認証を得る必要がなければ、シャリーア学者と関わりを持とうとはしないでしょうし、シャリーア学者を常任の委員会メンバーとして受け入れることもないでしょう。シャリーア学者の幾人かは金融分野の経験を持っていますが、彼らは、普通、金融機関の委員会メンバーに必要とされる資格

---

11) IFSB, Guiding Principles on Shariah Governance Systems for Institutions offering Islamic Financial Services, December 2009, Introduction, margin number 5 参照；またAAOIFI's Governance Standards No. 3:「シャリーア審査業務は、銀行の内部監査業務に位置付けられることができる。」参照。

（いわゆる「適格審査基準（fit-and-proper-test）」）[12]を備えているわけではありません。

　第二に、こうした事情があるため、普通は、シャリーア学者を取締役会に付設する別の委員会のメンバーとして受け入れるというやり方が採られています。イスラーム金融機関のための会計・監査機関が設けたイスラーム金融機関向けガバナンス基準第1号（1997年）によれば、シャリーア委員会は、イスラーム商事法を専門とする法学者をメンバーとする独立の機関として位置付けられています（ガバナンス基準第1号第2項）。また、この基準では、「どのイスラーム金融機関にも、取締役会の勧告に基づいて年次株主総会で任命される者をメンバーとするシャリーア監督委員会が設置される。」（第1号第2項）旨、定められています。「シャリーア監督委員会は少なくとも三名から構成される。」とも規定されています。シャリーア委員会は、ビジネス、経済、法、会計等々を専門とするコンサルタントの意見を求めることができるのです（第1号第7条）。

　しかしながら、ドイツからみると、シャリーア委員会は、ドイツの株式法にはなじみのない助言者会議（Beirat）という性質を備えています。株式法第23条第5項によれば、――ドイツの学術文献における多数意見はこう考えていますが――、助言者会議の設置は禁止されています。それは、経営管理役会（Aufsichtsrat）以外の監督機関を新設してはならないとされているからです[13]。しかし、このような見方は、――私見では――、シャリーア委員会には適用されません。というのは、これら二つの機関には、負うべき責任の内容や範囲に関して明らかな違いがあるだけでなく、銀行が関わるあらゆる判断についてその取締役会が責任を有する以上、シャリーア委員会の性質を助言者会議とみる理由はないからです。この論議については、以下で、あらためて検討します。

---

12)　詳しくは、*Casper*, Festschrift für Klaus Hopt, 2010, pp. 457, 471 et seq 参照。
13)　*Mertens*, in: Kölner Kommentar zum AKtG Vor § 76 Rn. 28; *Habersack*, in: Münchener Kommentar zum AKtG § 95 Rn. 6; *Hoffmann-Becking*, in: Münchener Handbuch zum Gesellschaftsrecht, tome 3: AG, 3rd ed. 2007, § 29 Rn. 19a.

第三に、しばしばみられる現象ですが、外部のシャリーア委員会とは別に、社内シャリーア助言者を設けるとか、シャリーア適合性審査部と呼ばれる全部門統括部局を設けるとかといったやり方があります。後者についてはすでに説明しました。イスラーム金融機関のための会計・監査機関が作成したガバナンス・コード第3号（1999年）によると、社内に適合性審査制度を設けることが義務付けられています。「社内シャリーア適合性審査は、イスラーム金融機関の規模に比例して、独立性のある部門または社内監察部門の一セクションによって実施される。」（同ガバナンス・コード第3号第2項）という規定がそうです。「社内シャリーア適合性審査は、イスラーム金融機関のガバナンスを担う機関の全部に及ぶ。」（第3号第3項）と定められています。「社内シャリーア適合性審査部門の長は、取締役会に対して責任を負う。」（第3号第7項）のです。

　このやり方は、一見すると、世俗の適合性審査部に似ているようにみえます。というのは、世俗の制度では、コンプライアンス部門を設けることがヨーロッパ連合内のすべての金融機関に強制されている（金融商品市場指令（The Markets in Financial Instruments Directive (MiFID) 2004/39/EC）第13条参照）からです。しかし、両者の違いは、シャリーア委員会と世俗の委員会（経営管理役会）との間に見られる違いとなんら変わりません。シャリーア適合性審査部は、イスラーム法違反の有無について固有の判断権限を有しています。これに対して、世俗の適合性審査部は、金融機関を規律する（加盟諸国の）法と（ヨーロッパ連合の）規則とが合致していることを保証しなければなりません。

Ⅲ　ヨーロッパのコーポレート・ガバナンスからみたシャリーア委員会

　会社法を比較すると明らかになりますが、コーポレート・ガバナンスは、健全な経営と管理を理想的かつ実効的におこなう管理体制を作り上げることを目的とする制度であると考えられています。このようにみると、宗教的色彩を有

する「助言者会議」は明らかに異質な存在であるようにみえます。しかし、他方で、シャリーア委員会による影響が極端に大きくなるような事態は、銀行の活動につき最終的責任を負う業務執行委員会として避けなければなりませんし[14]、業務執行委員会はシャリーア委員会からの独立性を保っていなければなりません。この点を考えれば、助言者会議の設置を断念する必要はありません。

つぎに、――これよりもずっと重要な点ですが――、シャリーア委員会は、認証業務および監督業務を果たすうえで、つぎの三つの要件を充足していなければなりません。(1) シャリーア委員会を当該会社（銀行）の経営から独立させること、(2) シャリーア委員会メンバーの専門性を確保すること、そして、(3) 当該会社からの独立性を保つ利益または二重の要請から生じる利益と牴触しないようにすること、これらがそうです。

1 取締役会（または業務執行委員会）の独立性

ドイツ法からみると、業務執行委員会が最終的な責任を負うことは、世俗法の場合と同様、会社法上の基本原則の一つです[15]。言い換えると、シャリーア委員会の判断によって会社が拘束されるようなことがあってはなりません。たとえシャリーア委員会の判断が会社に対して事実上の拘束力を有する場合があるにせよ、法的な最終判断は、個々の銀行の業務執行委員会によっておこなわれなければなりません。業務執行委員会は会社の事業政策について単独責任を負っているのです。

アラブ諸国の状況を眺めてみると、明らかに、これとはまったく違った印象を受けます。ヨルダン銀行法典第58(a)条の英語訳をみると、「シャリーア監督委員会の構成メンバーは三名を下回ってはならず、その意見はイスラーム銀

---

14) 詳しい分析をおこなっているものとして、*Casper,* Festschrift Hopt, 2010, pp. 457, 472；*Sorge,* Zeitschrift für Bankrecht und Bankwirtschaft (ZBB) 2011, 363, 365 f. 参照。

15) たとえば、*Sorge,* ZBB 2010, 363, 365 f. 参照。これにはその他の文献が挙げられている。

行を拘束する。」旨、定められています。イスラーム金融機関のための会計・監査機関が定めたコーポレート・ガバナンス原則——この原則はバーレインで実際に拘束力を有しています——も、これに極めて類似した表現を用いています[16]。連合王国ではこれと異なるアプローチが見られます。連合王国の世俗法は、どのような組織形態をとるかについて選択の自由を認めており、シャリーア委員会の設置（義務）を規定していません。しかし、イギリスの金融サーヴィス庁は、イスラームの銀行に対し、シャリーア委員会が設けられている場合、その業務が助言にとどまり、当該機関の経営に介入していないということの証明を求めています。イスラーム銀行のある説明文をみると、「金融サーヴィス庁による審査のポイントは、シャリーア監督委員会の役割と責任が助言にとどまり、会社の経営に介入していないという点にある。」[17]と記されています。このことは、上述の原則が連合王国に所在するイスラーム銀行について有効に機能していることを表しています。このことから、イスラーム金融機関に対する特別の規制がない場合、ドイツの世俗法が遵守されなければならないという結論を導くことができます。以上の点から、銀行規制に関わる一般原則が遵守されているとみることができましょう。

　たとえ、近い将来、イスラーム金融機関に対する特別の規定がドイツの世俗法の中に盛り込まれることがないとしても、それでも、ドイツに所在するイスラーム金融機関は、シャリーア委員会の判断が形式的拘束力や事実的拘束力を有するという事態が生じないように、しかるべき予防措置を講じなければなりません。何よりも重要なのは、シャリーア委員会の義務と責任に関する明確なルールを定めることです。シャリーア委員会は、業務執行委員会の判断に対して直接的な影響力を持たないということが明確にされていなければなりません。シャリーア委員会が当該金融機関内部において特殊な金融商品や金融サーヴィスに異議を唱えたり、それらをシャリーアに適合していないとみなしたり

---

16) AAOIFI, Governance Standard for Islamic Financial Institutions No. 1, sec. 2.

17) FSA, Islamic Finance in the UK : Regulation and Challenges, November 2007, www.fsa.gov.uk/pubs/other/islamic_finance.pdf, p. 13.

する場合、シャリーア委員会は、業務執行委員会が複数の選択肢の中からいずれかを選ぶことができるようなやり方で、当初のそれとは異なる問題解決方法がある点を指摘していなければなりません[18]。このようにみると、ドイツ商法典第319条第3項第5号の適用範囲内で、いつ監査役によるコンサルティング業務を受け入れることができるかをめぐってドイツ連邦通常裁判所が設けた原則に、ここでも、依拠することができます。ドイツ連邦通常裁判所の判決によれば、監査役は、どのような手続でおこなうかに関する複数の選択肢を業務執行委員会に対して示すことはできますが、どの選択肢を採用するかの最終判断を監査役自身が下してはならないとされています。

2 シャリーア委員会の独立性

ドイツおよびヨーロッパからみると、イスラーム金融の在り方に関する決定権者が二つ——イスラーム金融機関のための会計・監査機関とイスラーム金融サーヴィス委員会——併存すること、たとえば、前者は、シャリーア委員会が金融機関から独立すべきである旨を主張し、後者は、シャリーア委員会が当該会社からの指示に従うべきである旨を要求するというように、両者が矛盾した意見を示すことには、疑問が生じます[19]。シャリーア委員会がこれら二つの機関が掲げるそれぞれの正義に同時に身を委ねるようなことは、否定されなければなりません。というのは、そうした事態を認めれば、シャリーアに適合する投資商品を世俗の投資よりも優遇することになりかねないからです。

こうした状況にあるとはいえ、シャリーア委員会が銀行の利益と投資者の利益の双方を考慮して活動することを妨げるような法律上の障害はまったくありません。投資者がシャリーアに適合する投資商品を手に入れる利益は、軽視し

---

18) 詳しくは、*Sorge,* ZBB 2010, 363, 367 f. 参照。
19) IFSB Principle 3.1. (ref. 11) margin number 40 ff.; margin number 29 stresses, however, the responsibility towards shareholder interests; see AAOIFI Standards (ref. 16) No. 1 sec. 2, No. 5, sec. 2-7 参照。そこでは、その独立性が強調されている。*Abd Jabbar,* Company Lawyer 2009, 243, 244 をも参照。

てもよい「心情的価値」には当たりません。私的自治の意味するところを考えればすぐわかりますが、むしろ、誰でも、自分が考え、信ずるところに適った金融商品を選ぶことができるはずです。シャリーア委員会が投資者の利益に沿って活動するという考えは、シャリーア委員会が、宗教法と投資者との間で「接続用水路」の役割を引き受けているという前述の見方にも通じるものです。

イスラーム金融機関のための会計・監査機関が定めた原則によれば、シャリーア委員会のメンバーは、株主総会で選ばれます（ガバナンス・コード第1号第3項）。ドイツのコーポレート・ガバナンスからみると、このような制度を受け入れてもよいでしょうが、株主総会での選任を必須の要件とする必要はありません。シャリーア委員会の法的性質が業務執行委員会や取締役会への報告をおこなう助言委員会という点にあることを考慮すると、取締役会や業務執行委員会が、助言委員会と一緒になって、シャリーア委員会のメンバーを選任するという方法も考えられます。

3 適格性と利益相反

一見すると、シャリーア委員会メンバーが述べる専門意見を受け入れることは当たり前の要求のようにみえるかもしれません。しかし、そのように簡単に認めてよいかどうかは難しい判断を迫られる論点です。この点は、細部に至るまで、慎重に検討されなければなりません。何よりもまず、シャリーア委員会のメンバーは、イスラーム法について健全な理解を持っていなければなりませんし、金融についても十分な知識を備えていなければなりません。金融知識を有する点は容易に判定することができます。というのは、経済学や金融論の学位を取得していること、あるいはこれらに相当する実務経験を有すること、これらを要件とすることができるからです。これに対して、イスラーム法学者（シャリーア学者）として教育を受けたかどうかという点については明確な基準がありません。

要するに、経済学や金融論の分野で十分な経験を有する適格な学者の数は極端に少ないということです。

十分な資格を有するイスラーム法学者の人数が少ないため、幾人かの学者にしごとが集中する傾向がみられます。ある投資会社（社名：funds@work）が概観を示していますが、シェイク・ニザム・ヤクビ（Sheikh Nizam Yaqubi）は、一人でなんと八十五ものシャリーア委員会のメンバーになっているという事実があります[20]。同一人物が競合する複数の会社のそれぞれのシャリーア委員会のメンバーとなることは、明らかに、利益相反リスクを意味します。このことから、シャリーアに適合しているか否かの判定を求める依頼が増えつづける状態を回避するため、世俗法を新たに定める必要があることが分かります。ドイツ法には、シャリーア委員会にも適用される法規（株式法第100条第2項）があります。この規定では、複数のシャリーア委員会から一人で十件以上の要請を受けることは認められていません。2012年にミュンヘンで開催された「ドイツ法曹会議（Deutscher Juristentag）」で、受任可能な件数を十件から六件へと引き下げるよう求める請願が採択されました[21]。もとより、株式法第100条に関する論議は、シャリーア委員会に関する論議と同じ比重を持つものではありません。というのは、シャリーア委員会メンバーのしごと量はさほど多くはないからです。しかしながら、八十五件もの依頼を一人で受けるといった事態は、どのような状況のもとでも、受け入れられるものではありません。これよりももっとずっと重要なのが、利益相反を避ける明確なルールが必要だ（欠けている）という点です。シャリーア委員会に入っている学者の関心がイスラーム金融商品の認証だけであるとか、イスラーム金融機関の業務過程だけであるならば、利益相反という事態は生じないので、競合するイスラーム金融機関のシャリーア委員会のメンバーになることを禁止する必要はないでしょう。しかし、シャリーア委員会の助言業務が重要な役割を担っているならば、同一人が直接的競争状態にある金融機関のシャリーア委員会のメンバーと

---

20) funds@work, The Small World of Islamic Finance - Shariah Scholars and Governance, 19 January 2011, http://www.funds-at-work.com/uploads/media/Sharia-Network_by_Funds_at_Work_AG.pdf_03.pdf による報告書参照。

21) Beschlüsse der wirtschaftsrechtlichen Abteilung des 69. DJT Nr. 18, www.djt.de.

して参加することを阻止するルールを設けなければなりません。というのは、助言業務は、第一次的には社内シャリーア適合性審査部または公務員によって、そして——少なくとも、第一次的にではありませんが——外部のシャリーア委員会によって、実施されるべき性質のものだからです。

Ⅳ　ヨーロッパのコーポレート・ガバナンスからみた社内シャリーア適合性審査制度

　世俗のコーポレート・コンプライアンスおよびコーポレート・ガバナンスに関する論議は、近年、ようやく始まったばかりです[22]。主要な論点の一つは、非金融分野に属する株式会社に、法律違反を防止するコンプライアンス審査部を設置する義務があるか否かという点です[23]。しかし、今日の特別講義の主題からみると、この論点は重要ではありません。というのは、ヨーロッパ連合内に所在するどのイスラーム金融機関も、明らかにコンプライアンス審査部を設置する義務を負っているからです。この設置義務は、現に、金融商品市場指令（Markets in Financial Instruments Directive 2004/39/EC）第13条や証券取引所法第33条（https://dejure.org/gesetze/WpHG/33.html）によって定められています。現行法では「コンプライアンス業務」について定められていますが、この業務は、業務執行委員会に対して直接に報告する役割を担う特別コンプライアンス審査部について定められた義務と考えることができます。

　今、問われなければならない論点は、社内コンプライアンスに関してイスラーム金融機関のための会計・監査機関が定めた原則が適合性審査制度についてのわれわれの理解と両立するか否か、シャリーア適合性審査職務が現存する世俗の適合性審査部に統合され得るか否か、これら二つです。

---

22)　その概観については、たとえば、*Casper,* in : du Plessis/Großfeld/Luttermann/Saenger/Sandrock/Casper, German Corporate Governance in International and European Context, 2nd ed. 2011, pp. 359 参照。

23)　Denying *Casper* (supra note 22), pp. 363.

イスラーム金融機関のための会計・監査機関が設けた基準によると、「社内シャリーア適合性審査は、イスラーム金融機関の規模に応じて、独立した部署ないし部門や社内監査部の一部によって、実施されています。イスラーム・シャリーアのルールと原則、ファトワー、ガイドライン、イスラーム金融機関におけるシャリーア監督委員会により公布された指示、これらに適合するか否かを審査し、かつ評価する機関がイスラーム金融機関内部に設けられるべきである。」（第3号第2条第1号）と規定されています。この特別講義の主題の範囲内で考えると、シャリーア適合性審査部の独立性の有無が最初の論点となります。独立性の要件は、金融機関向けコーポレート・コンプライアンスに含まれるものとして、すでに周知の事柄です。証券取引所法第33条第1項第2号第1には、投資サーヴィス会社における適合性審査部（証券取引所法におけるいわゆる「コンプライアンス職務」）が備えるべき要件として、独立性、実効性、永続性、これら三つが挙げられています。しかし、かつてドイツ連邦金融監督庁がコンプライアンスに関する回状（MaComp）[24]を出して以来、適合性審査部のメンバーは独立性を維持してきています。ただし、すべての法的義務に関するコンプライアンス——それゆえ、適合性審査部に対するコンプライアンス——を含む企業全体について責任を負う経営委員会は、この要件の適用範囲から除外されています。比喩的に言えば、適合性審査を担当する公務員の長はヤヌスのように二つの顔を持つ機関、つまり、会社の利益と公衆の利益——われわれの文脈でいえば、これはアラーの利益と言い換えることができます——の双方を保護するよう義務付けられている機関ではない、といえます。つまり、適合性審査部は、機能上、会社の警察または検察に相当する部署ではないということです。

---

24) Circular 4/2010 (Wertpapieraufsicht (WA)) – *Mindestanforderungen an die Compliance-Funktion und die weiteren Verhaltens-, Organisations- und Transparenzpflichten nach §§ 31 et seq WpHG für Wertpapierdienstleistungsunternehmen (MaComp)* from 7 June 2010, available under http://www.bafin.de/cln_179/nn_722758/SharedDocs/Veroeffentlichungen/DE/Service/Rundschreiben/2010/rs__1004__wa_*MaComp*.html.

このようにみると、イスラーム金融機関のための会計・監査機関が定めるガバナンス基準に含まれた、その他のルールには疑問が生じることになります。「社内シャリーア適合性審査の第一次的な目的は、イスラーム金融機関の経営部門がシャリーアのルールおよびイスラーム金融機関内シャリーア監督委員会によって決定された原則の実行に関する責任を免れるという結果を確保することにある。」（第3号第2条第2項）とされています。「イスラーム金融機関の経営部門は、経営のすべての部門、シャリーア監督委員会、それに外部監査人——外部監査人は社内シャリーア適合性審査者の組織的地位を高める——、これらと直接かつ定期的な連携をとる。」（第3号第7条）と規定されています。しかし、他方で、イスラーム金融機関のための会計・監査機関が定めた原則では、「会社内シャリーア適合性審査部の長は、取締役会に対して責任を負う。」（第3号第7条）と定められています。後者が指摘するところによれば、「社内シャリーア適合性審査部の長は、最終報告書の公表に先立ち、経営上適切な部門との間で、結論と勧告について審議する。」（第3号第20条）と述べられています。この報告書は年四回の頻度で作成されなければならず、シャリーア委員会にも送付されなければなりません。

　以上のことから確認されるように、イスラーム金融機関のための会計・監査機関が定めた原則による場合でも、社内シャリーア適合性審査部は、取締役会の責任の下に、または二元制度にあっては二つの委員会の責任の下に、それぞれ置かれています。コンプライアンスは経営上の事柄であって、公的な事項ではありません。社内シャリーア適合性審査部はシャリーア委員会の一部（伸ばされた腕）ではなく、まったく別の機関です。社内適合性審査部は、半ば自動的に、イスラーム法に対する潜在的な違反があることをシャリーア委員会に対して直接に報告する機関でもありません。これらの基本原則が承認されるとすれば、シャリーア適合性審査部を世俗のコンプライアンス部門に統合することはできないことになります。とはいえ、両者の統合に意味がある場合もあります。それは、コンプライアンス審査部向けのガイドラインにおいて、一般法違反により求められる行動と宗教法違反により求められるそれとの相違が明確に

されている場合です。というのは、両者の結果はまったく異なるはずだからです。

V　シャリーア適合性とシャリーア適合性リスク

最後に、いわゆる「シャリーア適合性リスク」を検討しておきましょう。2008年の初頭、スクーク（イスラーム債）の発行者が投資資本の回収を保証することが認められるか否かという論点を巡って激しい論争が起きました。特別目的会社という法人格の背後に隠れた発起人（または銀行のような外部の保証人）は、投資された資金に関わるあらゆるリスクから投資者をあらかじめ保護しています。それは、取引終了時に投資者がみずからの投資資金を回収できるよう、投資者との約束が交わされているからです。こうした実務は、多くのシャリーア委員会により肯定されている点です。

2008年春、イスラームの首長ムハンマド・タキ・ウスマーニ（1943年インド生まれのイスラーム学者）——イスラーム金融機関のための会計・監査機関が設けたシャリーア委員会の議長——は、この問題に関する検討を始め、理論上はエクイティに相当していても、事実上は債務類似の構成を有するスクークは認めないとするファトワーを公表しました。彼の意見では、投資者の側に「起業上のリスク」はありません。リスクの不存在は、利益と損失を分け合う原理に違反するものとみなされます。こうした状況に対応して、イスラーム金融機関のための会計・監査機関は、みずからが定めた諸基準を時代に合わせて迅速に改訂し、このような構成を持つスクークの発行を禁止しました。これにより、第二次マーケット（転売市場）におけるスクークの販売は難しくなり、その結果、スクークの価格は暴落したのです。

このような展開は、どのような法的意味を持っているでしょうか。より正確にいえば、商品がシャリーアに適合していない場合、スクーク発行の当初からであれ、またその後、スクークの発行から清算までの全期間を通じてであれ、そもそも発行者に目論見書責任があるのでしょうか[25]。

シャリーアに適合していないという点がスクーク発行前にたしかめられていたとか、少なくともスクーク発行時に明らかに予測できたとかといった場合に、誰が責任を負うかという点ははっきりしています。こうした状況では、目論見書責任が生じ、発行者が責任を負うのです。

ここで取り上げるのは、大いに関心を集めていることですが、スクーク発行者が責任回避条項を定めておけば、発行者はこの種の責任を明示的に排除できるか否かという論点です。

普通、スクーク目論見書に含まれているのは、実際の投資者および潜在的投資者が発行者とは別に独立して情報を得ることができ、当該商品のシャリーア基準との合致に関してみずからのシャリーア助言者またはこれに類似した信頼の置ける情報源の知見を得ることができるという点です。その場合、「シャリーア適合性の状況が変化するリスクがあります。当社は、そうした変化に関して責任を負いません。」といった責任回避条項が採用されています。

こうした責任回避条項は果たして適法といえるのでしょうか。この問いに答えることは難しく、新たな論点を呼び起こしかねません。宗教法が正しく解釈されているか否かに関するリスクを誰が負担すべきか、という点がその一例です。ドイツの目論見書責任法によれば、投資者は自己の意思で宗教法──宗教法の理解には解釈が必要ですが、複数の解釈可能性が生じるという特徴があります──に服しているということになりましょう。さらに、投資者は、シャリーア適合商品の目論見書上の利回りが市場の水準よりも低くなるかもしれないということを往々にして知っていますし、しかもそのことを受け入れてきました。その結果、シャリーア適合性リスクをすべて銀行、発行者または投資会社に負わせることは適切とは思われません。他方で、銀行、発行者または投資信託会社（相互ファンド、open-end investment company）は、金融商品のシャリーア適合性のリスクを引き受けることで、金融上の便益を享受しています。それゆえ、銀行、発行者または投資信託会社の責任を免除するという主張にも

---

25) *Casper,* Festschrift für U. H. Schneider, 2011, pp. 229, 242 および *Casper,* Die Rechtswissenschaft 2011, 251, 267 参照。

往々にしてそうですが、ここでも、真の解決策は中庸にあります。シャリーア委員会がシャリーアに適合するとした判断がイスラーム法の枠内で適法な解釈とされる場合には、補償条項や責任回避条項を受け入れることができます。極端な場合、たとえば、イスラーム法に対する明白な違反がある場合には、銀行や発行者が不正な目論見書について責任を負わなければなりません。しかし、イスラーム金融商品についての補償条項は、当該イスラーム金融商品が宗教的観点で適法であるか否かに関するイスラーム法の解釈について学派間に対立のあることが目論見書の中で指摘されているときに限って、これを有効とみなすことが現実的な判断であるように思います。一例を挙げましょう。イスラーム金融商品の目論見書で、シャリーア委員会によってシャリーアに適合すると判断されたことの根拠がシャーフィイー学派（イスラーム教スンナ派における四大法学派の一つ）の見解であると記載されていても、そのことだけで、上の結論がすべてのムスリム社会に必然的に受け入れられるという結果にはなりません。

VI　結論と要約

　以上に述べたように、シャリーア委員会とヨーロッパのコーポレート・ガバナンスとは、決して、火と水のような対立関係にはありません。つぎに掲げる八つの指導原理が承認されるならば、両者を一体のものとして考えることができるはずです。

1．イスラーム金融は任意的な制度です。
2．イスラーム金融は、宗教法の実践と同義語ではありません。イスラーム金融に関わる契約はイスラーム法の見地から作成されます[26]が、当該

---

26)　この点は私的自治がもたらす結果の一つである。詳しくは、*Casper*, Die Rechtswissenschaft 2011, 251, 257 et. seq. ――契約締結後の契約目的達成不能の適用可能性（applicability of the frustration of the contract）（ドイツ民法典第313条）参照。

契約は同時に世俗の国家法によっても規律され、当該金融商品は宗教上の諸原理と合致することを求められます。シャリーア委員会は、一方の、宗教法と、他方の、宗教上の諸原理に服そうとする投資者との間を結び付ける「接続用水路」として機能しています。

3. 両者を結び付けるという目的は、シャリーア委員会による承認を経て、達成されています。この点がシャリーア委員会の最も重要な業務ですが、それにとどまらず、シャリーア委員会は監督および助言という業務もおこなっています。

4. コーポレート・ガバナンスをヨーロッパ的に理解しても、シャリーア委員会を受け入れることができます。というのは、イスラーム金融機関の経営は独立性を保たなければならないと考えられているからです。形式的拘束力を有するシャリーア委員会の判断——たとえば、イスラーム金融機関のための会計・監査機関が、そのコーポレート・ガバナンス原則の中で求めているようなもの——は、ヨーロッパのコーポレート・ガバナンスとは一致しません。取締役会や業務執行委員会だけが当該金融機関について最終的な責任を負います。他方で、シャリーア委員会の経営部門からの独立性については、ヨーロッパのコーポレート・ガバナンスからみても、特段の問題はありません。

5. 一つのシャリーア委員会に求められる依頼の件数には上限が設けられるべきです。しかし、とくに、個々のシャリーア委員会が経営に対する助言者として稼働している場合、審査の要点は、特定の数値を示すことにはなく、利益相反を避けることにあります。

6. 望ましいのは、助言という業務が社内シャリーア適合性審査部によって最もよく履行されるという点です。経営部門が当該金融機関について唯一の責任を担いつづけ、かつ、社内シャリーア適合性審査部の長が直接にシャリーア委員会に報告をおこなっていない限り、社内シャリーア適合性審査部を世俗の適合性審査部と統合することができます。

7. シャリーアの解釈が統一されていない以上、金融商品のシャリーア適合

性の有無に関する判断は分裂する可能性があります（いわゆる「シャリーア適合性リスク」）。投資者または銀行・発行者がすべての不適合リスクをみずから負うことを求めていると擬制することは、適切ではありません。

8．目論見書責任の採用は、シャリーア諸原理の明白な違反という極端な事案に限定されています。シャリーア委員会による適合性判定結果が、一般に受け入れられているイスラーム法の枠内で適切な解釈となっている場合に限り、補償条項や責任回避条項を受け入れることができます。

第三講演
上場廃止の規制とコーポレート・ガバナンス
――取引所間競争で株主保護は影響をこうむるか、
国の定める基準が必要か（競争か規制か）――

小　宮　靖　毅　訳

目　次

I　はじめに
II　ソフトローとハードローの間を揺れつづけたドイツ
III　立法の根拠
　1　実証研究であきらかになったこと
　2　利益衡量
IV　改正法の概要
　1　適用範囲
　2　取引所業務執行者による取引許可（上場登録）取消しの条件
　3　取引所価格に基づく金銭補償という原則
　4　相場操縦や情報開示規制違反の場合、企業価値に基づく金銭補償額が用いられる
　5　株式の流動性が乏しい場合にも、企業価値に基づく金銭補償
　6　司法上の保護
V　コーポレート・ガバナンス論からする改正法の評価
　1　上場廃止の要件に株主総会決議は必要か？
　2　立法による方が取引所の上場基準によるよりも、望ましいか
VI　結　論

I　はじめに

　二十年も前のアメリカのコラムニスト、トーマス・L・フリードマンはこう言っています。「この世界には二つの巨大な権力がある。アメリカ合衆国とムーディーズ。どちらも破壊者だが、一方は爆弾を落とし、もう一方は格付けを落とす。しかも、信じてもらいたいのだが、この二つのどちらがより強いのか、ときどきよくわからなくなる。」[1] 今日のお話は格付け会社についてではありませんが、投資家から見ると、保有株式の破壊という意味で、株式会社の上場廃止が、ムーディーズのもつ破壊力にも匹敵するということを話したいと思います。

　ドイツの研究者と実務家は、上場を廃止した株式会社の株主をいかに保護するか、長いこと検討してきました。昨年末、ドイツの立法者はこの問題にとりくみ、上場廃止に必要な規則を定めたのです。そこで私は、この「介入」を例にとり、この場面での投資家保護としてありうる二つの原理を対比したいと思います。一つは国の定める強行的な条文で統一する方向、もう一つは上場廃止基準が複数並び立つ状況をつくる、という二つの方向です。てがかりとするのは近時のドイツ取引所法改正であり、ドイツの証券関連法令と証券市場に基づいて考えることにします。ドイツの立法者の選んだ「介入」の内容と方法をふまえると、つぎの二つの問いが重要です。(1) 新設規定は株主の利益に適うか、とくに、任意の上場廃止（a voluntary delisting）に際して株主総会の決議を要しないとするのは適切かどうかと考えなければなりません。そして、(2) 結局のところ国の法律を改正して条文を置くというのが最善だったか。取引所間競争に委ねて上場基準の内容を競わせる、いわゆるソフトローを用いた方がよかったかもしれません。これら二つの問いに答えるにあたり、まずはドイツの歴史的経緯を概観したのち、立法者が挙げる介入の根拠を検討します。その後、

---

1) http://www.theguardian.com/commentisfree/cifamerica/2011/aug05/us-credit-rating-downgraded-moodys；類似するものとして、*Friedman* (1995)

新設規定の要点を述べ、その内容と方法に対する批判的な検討をおこなうことにします。

そこでまず大前提として、任意の上場廃止をめぐる最大の利害対立を説明しておきましょう。ある株式会社が上場しているという状態は、株主にとり大変重要です。株式の高度の譲渡性が保障されますし、投資した会社の活動に関する情報が継続的に、安価に入手できる情報開示規制が及びます。上場廃止が「going dark」とも呼ばれる理由がここにあります。他方、上場廃止により、経営者にとっては、各種のコストを縮減し、衆人環視をまぬかれることができます。大株主のなかには、個人的に有利な立場を手に入れるために廃止を望み、経営者をそちらに引っ張ろうとするものもいるだろうと思われます。このようなかたちで、上場廃止は広義のコーポレート・ガバナンスの問題の一つであるわけです。経営者が任意の上場廃止を望めば、株主としては、非上場会社になってもとどまりつづけるか、あるいは持株を売却するか、いずれかを選ぶほかありません。その場面で買い手として考えられるのは大株主だけであり、だからこそ、その買取価格を引き上げずに済ませることができます。たしかに一般論として、この状況下にある株主は保護されるべきです。そこで議論になるのは、ただ、適切な保護の方法と最適な保護の程度がどこか、です。まずは、任意的上場廃止をめぐるドイツの経験をお話し致しましょう。

II　ソフトローとハードローの間を揺れつづけたドイツ

ドイツで任意的上場廃止が可能となったのは、1998年の取引所法改正で第39条第2項に「発行者による任意の上場廃止」が定められて以降です[2]。ところが、条文にはなんらの条件も課されてはおらず、すべては各取引所の上場基準に委ねられておりました。そして、七つの取引所の上場基準は[3]、全株主に

---

 2) 非任意的な上場廃止は取引所法第39条第1項に規定されているが、今回の主題ではない。

 3) ドイツ全国に七か所ある：Frankfurt, Munich, Stuttgart, Hamburg, Berlin, Düssel-

対する公開買付けがおこなわれている場合にのみ任意の上場廃止を許す、と定めるものがほとんどでした。2002年3月、ドイツ最大のフランクフルト取引所が公開買付けを上場基準から外し、上場廃止を認める前提条件に関する論議が始まりました。フランクフルトのこの基準改正で、要件は、経営者の上場廃止決定と実際の廃止との間に待機期間を六か月確保すれば満たされることになりました。この期間中、株主は株式を売却できるというわけです[4]。これが、ドイツ国内の取引所にとり上場基準競争開始の合図となりました。

　2002年11月には連邦最高裁が六か月の待機期間は投資家保護に不十分と判示したのですが[5]、公開買付けのみならず総会決議までも要求する判決となりました。その主たる理由はドイツ憲法（基本法）の財産権保障で、この保障が及んで当該企業の実質的所有者としての株主を保護するというものでした[6]。ところが2012年、連邦憲法裁判所は、上場廃止に伴う投資家保護はたしかに会社法に規定されているけれど、基本法上の財産権保障が、裁判所や立法者に、公開買付けと、企業価値に基づいた株式買取（補償）とを義務づける根拠となるものではないとの判断を示しました[7]。公開買付けを要求した連邦最高裁の2002年の判決は、憲法違反ではないものの、必要限度を超えていたと評価されたのでした。憲法裁判所は、連邦最高裁が会社法の解釈によって投資家保護を手厚くするのは構わないが、その理由づけに憲法の財産権保障を用いるのではなく、会社法のなかに根拠を見出さなければならないとしたのです。

　2013年、意外にも連邦最高裁は2002年の判断をあらため、上場廃止の決定公表と実施との間の待機期間は、実質的な投資家保護に十分であると決定しま

---

　　dorf and Hannover.
　4)　この考え方に批判的な *Wilsing and Kruse* (2002)；see also *Streit* (2002), p. 1279 et seq.
　5)　Federal Court of Justice, 25 November 2002, File Number II ZR 133/01, BGHZ 153, p. 47 et seqq.
　6)　ドイツ憲法上、株主の地位には憲法の財産権保障が及ぶと解するのが通例である。
　7)　Federal Constitutional Court, 11 July 2012, File Numbers 1 BvR 3142/07 and 1 BvR 1569/08, reported in BVefGE 132, p. 99 et seqq.

した[8]。株式買取（補償）も、株主総会への株主の参加も、もはや不要とされたのを受け、ドイツの証券取引所の大半、なかでもフランクフルトは、以前の、リベラルな上場基準に戻したのでした。最高裁のこの結論は、投資家団体のみならず、法学・経済学の学者によっても厳しく批判されました[9]。——上場廃止の決定公表により、株式価格は下落するのが通例である。したがって、既存株主が待機期間内に、一定程度以上の金銭的損害なく持株を売却することは不可能である。上場廃止による株式の取引所価格を引き下げる効果を否定した連邦最高裁は、誤った実証研究に基づいてその判断を下した点において批判を免れない[10]。——国会議員たちは、2015年5月にこの問題を論じ始めた当初、この所説に従いました[11]。同年9月、国会は、当時十分な実証研究がなかったにもかかわらず、強制的公開買付けを法制化したのです。

　こうしたいきさつを、コーポレート・ガバナンスに関するハードロー、ソフトロー、あるいは自由化などの一般論に、どう位置づけたらよいでしょうか。ハードローは、国が制定する法で人々を拘束するもの、と定義できます。国の制定法には、任意法と強行法の二つの選択肢がありますが、資本市場に関する法はほとんど強行的なので、この先のお話では、ハードローは強行法の意味だと思って聞いてください。

　一方、ソフトローは、強制力のない合意だが、合意した人々のなかにそれを破る者はいないという期待が保たれているものを指します[12]。この意味で、ソフトローは社会的規範に似ますが、ここでは、「無法（完全自由）」の範疇にある社会規範よりはハードロー寄りの規範としておこうと思います。コーポレー

---

8) Federal Court of Justice, 8 October 2013, File Number II ZB 26/12, 例えば参照、Neue Juristische Wochenschrift (NJW) (2014) p. 146 et seqq.
9) その中心は *Bayer* (2015a, 2015b) と *Habersack* (2014) であった。また、参照、*Koch and Harnos* (2015).
10) *Bayer and Hoffmann* (2013).
11) See *Buckel, Glindemann and Vogel* (2015), p. 373.
12) ソフトローについて詳しくは、*Möllers* (2015), p. 138；批判的な *Klabbers* (1998) p. 381 et seqq.

ト・ガバナンスの領域ではソフトローがたいへんよく利用されています。ドイツ・コーポレート・ガバナンス・コード（GCCC）は、上場株式会社が従う義務のないものですが[13]、「遵守か、さもなくば正当化（コンプライ・オア・エクスプレイン）」のしくみにより、年に一度、上場株式会社は、コードを遵守しているかいないか、そして遵守していない場合にはその根拠を宣言しなければならないことになっています（株式法第161条）[14]。コードそのものはソフトローにとどめながら、遵守しているか否かの宣言をハードローとして義務とし、全体としてコードに「事実上の」拘束力が生じています。しかし、任意の上場廃止に関してはこうしたソフトローは存在しません。そもそも GCCC は上場廃止に言及しないのです。

上場廃止は、取引所法という強行法と、取引所ごとに定める上場基準（規則）（Börsenordnungen）が取り扱います。そしてこれは比較法的には例外に属するのですが、ドイツの取引所に開設される規制市場は「公法」による規制を受けております。証券取引所の市場は、公法が適用される特殊な組織（公法上の営造物）とされていて、それを運営する会社、フランクフルトのドイツ取引所株式会社のような会社だけが、私法上の会社です。だから、取引所は、上場基準を公法上の準則のようなかたちで制定することができ[15]、まったくの私法上の存在として組織されているのは自由取引市場だけということになります。そういうわけで、ある規制市場に対するさまざまな上場基準をソフトローの典型とは呼べないのですが、すでにお話ししたように、任意的上場廃止について立法者は、どちらか、つまり自ら強行法を制定して投資家保護をするか、上場基準同士の競争にゆだねるか、選ばなければなりませんでした。国法による強行法的解決と上場基準ごとのさまざまな解決とどちらを選ぶかという判断は、広い意味で、ハードローとソフトローの優劣を競っているともいえます。

---

13) コードの英文は、http://www.dcgk.de//files/dcgk/usercontent/en/download/code/2015-05-05_Corporate_Governance_Code_EN.pdf.
14) さらに詳しくは、*Habersack* (2012) p. E 26 et seqq.
15) さらに詳しくは、*Buck-Heeb* (2014) p. 32 et seqq.

上場基準の競争に基づく解決[16]は決して一つではありませんし、改正も容易です。そういうわけで、この状況は、コーポレート・ガバナンスの文脈で登場するソフトローと比較可能です。

III　立法の根拠

新法の詳細に立ち入る前に、法による介入に立法者が挙げた根拠を検討しておきます。そのためまずは、事実を大づかみしておかねばなりません。

1　実証研究であきらかになったこと

1.1　DAI（Deutsches Aktieninstitut）による研究（2010）

連邦最高裁が判例をあらためる根拠としたのは、DAI（ドイツの公開会社、銀行、証券取引所、そして投資家を代表する利益団体）が2010年に発表した、上場廃止の発表に対する市場の反応に関する実証研究でした[17]。この研究によると、上場廃止の発表は株価の下落を惹き起こしません。上昇する例さえみられたとしています。ところがこの調査は、2001〜9年の任意的上場廃止だけを分析しているのです。この当時、連邦最高裁は公開買付けを廃止の条件として課しておりました。それが課されていないのは、フランクフルト証券取引所が基準をあらためたあとの、2002年の一時期に限られます。当時は、金銭補償のなされる期待が市場を安定させたものと思われ、引下げ効果は考えづらいです[18]。同じ批判は、DAIも言及する、Eisele = Walterの研究にも当てはまります[19]。彼らはもっぱら会社再編に伴う上場廃止を検討しているため、会社法

---

16)　上場基準は社会規範以上のものではあるが、各取引所は規範の起業家ともいえる。社会規範の競争について例えば、*Engert* (2002) p. 36 et seqq.

17)　*Deutsches Aktieninstitut*, 'Stellungnahme des Deutschen Aktieninstituts zu Delisting und Spruchverfahren', October 2010, http://www.dai.de（2016年5月17日確認済み）．また、*Heldt and Royé* (2012). 上場廃止の発表に対する市場の反応についてのドイツの研究成果を概観するものとして、参照、*Karami and Schuster* (2016).

18)　参照、*Bayer and Hoffmann* (2013), p. R372 et seq.

上金銭補償が必要な場面でありました。このような明らかに妥当でない手法を見ますと、連邦最高裁の DAI の報告への盲信ぶりには驚きを禁じ得ません。

1.2　ソルヴェンティス証券会社による研究（January 2015）

連邦最高裁の 2013 年判決後に現れた最初の研究成果は、証券会社ソルヴェンティスによるものでした[20]。2013 年 10 月～ 2014 年 12 月まで、ドイツの証券取引所からの上場廃止を四十四件とし、そのうちの五件が発行会社の支払不能に起因するのでこれを除き、さらに五件は株主に金銭補償が提供されているのでやはり除いています。そのうえで、上場廃止の短期的影響と長期的影響の両方を検証するため、彼らは二つの異なる方法を用いました。

(1)　［短期］発表の前日と次の日とで株価を比較すると、結果として、9.58％の価格下落がみられた。

(2)　［長期］発表前の価格と、彼らが入手可能な価格のうち最も現在に近い日の価格（実際の上場廃止日または調査期間の最終日）とを比較すると、結果として平均 21.02％の価格下落が見られた（80％以上下落という例もあった）。

この結果は衝撃を以て受け止められ、連邦最高裁の判決が機能不全である証拠とみなされてしまいました[21]。たしかに、一見して下落幅は大きく、法による上場廃止の規制を正当化するかのようですが、よくよくみると、この調査の手法にはいくつもの問題があったと判明しました。

さまざまあるなかで最大の批判は、この調査が規制市場からの上場廃止か、自由取引からの廃止かを区別しない点に向いています[22]。金融商品市場指令（MiFID）の定める厳格な規制を遵守する義務を負うのが規制市場であるのに

---

19)　*Eisele and Walter* (2006).

20)　*Solventis Wertpapierhandelsbank GmbH,* 'Delisting nach Frosta – Investoren, Börsen und Gesetzgeber sind gefordert', 12 December 2014.　参照、*Schlote and Schmitt* (2015).

21)　例えば、*Koch and Harnos* (2015), p. 729.

22)　参照、*Bayer and Hoffmann* (2015a), p. R56 et seqq.

対し、自由取引の規制はもっぱら取引所がおこない、規制による負担が軽いという特徴があります[23]。だからこそ、自由取引からの上場廃止に公開買付けの条件が課されたことはこれまでまったくなく、とくに、連邦最高裁2002年判決は自由取引に一切の影響を与えておりません。言い換えますと、自由取引からの廃止を除かない点で、この研究は「リンゴをミカンと見まがう」愚を犯しているのです（the study mistakes apples for oranges）。

両者の区別をつけると、その重要性が判ります。私たちのおこなった検証によれば、連邦最高裁2013年判決後という条件を満たし、規制市場全てからの任意的上場廃止で、自由市場での取引を残さない、あるいは、始めない「完全なる上場廃止」と言えるのは十件に過ぎませんでした。ここから公開買付けを任意におこなった二件をさらに除くと、(1)［短期］では平均4.28％の下落（中央値：マイナス3.54％）となりました[24]。また、調査対象とした銘柄の半数は、上場廃止の実行までの間に発表前の価格に戻っており、ソルヴェンティスの調査は、上場廃止の発表の効果を正しく反映していないと結論するのが相当だと思います。こうした発見を踏まえると、法による介入を決断した立法者にソルヴェンティスの調査が与えた影響は重大です[25]。

1.3 カラミ＝シュスターの研究（2015年9月）

堅実で科学的な実証研究は、2015年9月のカラミ＝シュスターがワーキングペーパーの形で示したものが最初でした[26]。効率的市場仮説を前提としたイベントスタディとしてデザインされています[27]。彼らは2013年10月から2015年7月までの上場廃止全百十六件を、規制市場からの廃止、自由市場からの廃止、そして規制市場から自由市場への降格（いわゆる"ダウンリスティング"）

---

23) *Maume* (2015), p. 268.
24) 詳しくは、*Gasse* (2016).
25) この点については、さらに、*Karami and Schuster* (2016) p. 115.
26) その要点につき、参照、*Bayer and Hoffmann* (2015b).
27) イベントスタディの方法論については、*Karami and Schuster* (2016), pp. 109-110.

の三種に分類しました。ここから、支払不能による上場廃止と、任意的公開買付けを伴う廃止を除いて、つぎの段階の精査に進む七十二件の上場廃止を選び出したのです。カラミ＝シュスターの手法は、上場廃止発表後の値動きについて、「通常の」マーケットトレンドとの乖離を分析するというもので、上場廃止発表日で算出した実際の収益率を、あるマーケットモデルに基づいて計算された期待収益率と比べています[28]。その結果、規制市場からの上場廃止につき、統計的に有意な値として、CAAR（*Cumulative Average Abnormal Return*：累積平均異常収益率）マイナス8.60％を見出しました[29]。

もっとも、この研究でも、すべての規制市場から同時に廃止した十社しか対象に含めておらず、その十社が、浮動株比率が平均してわずか8.86％という小ささ、時価総額の平均が€7,110万という小規模感を特徴とする十社なのでした[30]。上場廃止発表前の株式の流動性を調べて、著者は、後に上場廃止を実行する十社の株式が、廃止しない会社の株式よりも、はるかに流動性に乏しいと指摘しています[31]。なお、"降格／ダウンリスティング"の例からは、この研究が、統計的に有意ないかなる値下がりも看て取れないという結果にも注意が必要でしょう[32]。

1.4 ドゥメ＝リンバッハ＝タイセンの研究（2015年9月）

2013年10月から2015年5月の間の上場廃止発表を対象にした同様の研究がもう一つあります。研究手法はカラミ＝シュスターと同じですが、こちらは規制市場からの廃止とダウンリスティングを区別せず、自由市場からの廃止を視野の外においています。このようにして二十四件の発表が抽出されました。

---

28) 参照、*MacKinlay* (1997), pp. 15 et seqq. インデックスモデルについては、*Sharpe* (1963).
29) *Karami and Schuster* (2015), p. 36.
30) *Karami and Schuster* (2015), p. 32.
31) *Karami and Schuster* (2015), p. 52.
32) *Karami and Schuster* (2015), p. 38.

内訳は、規制市場からの廃止が十六件、降格が八件です。発表日の検証と、発表日前後一日の検証により、著者は、統計的に有意なマイナス 5.77％の CAAR を算出しました。発表日だけをみても、平均異常収益率（AAR）はマイナス 3.88％という数値だったとしています[33]。また、ダウンリスティングの発表については、この研究の著者も、カラミ＝シュスターと同じく、統計的に有意な市場の反応を見出していないばかりか[34]、両研究とも、上場廃止またはダウンリスティングを実行した会社の浮動株比率は大幅に低く、株式の流動性も大幅に小さいと指摘します[35]。

1.5　アドラー＝ムクスフェルト＝リルの研究（2015 年 11 月）とピルスル＝クノールの研究（2016 年 1 月）

さらに新しい二つの研究、2015 年 11 月のアドラー＝ムクスフェルト＝リルと 2016 年 1 月のピルスル＝クノールの各研究が公表されました。結果はカラミ＝シュスターおよびドゥメ＝リンバッハ＝タイセンとほぼ一致しています。二十三社のサンプルから、アドラー＝ムクスフェルト＝リル研究は、発表日を含む三日間のイベント期間を設定してマイナス 10.00％の CAAR を算出しているのですが[36]、彼らは規制市場からの廃止と自由市場からの廃止を区別しておりません。その両者を区別したピルスル＝クノール研究は、規制市場からの廃止十五件を対象に、統計的に有意な三日間の CAAR マイナス 11.01％を算出しています。外れ値を除いて算定し直しても、CAAR マイナス 7.91％だったとしています[37]。さらに、どちらの研究も、ダウンリスティングの発表には、通常、株価への影響がないと結論しています。そして、アドラー＝ムクスフェルト＝リル研究は、上場廃止またはダウンリスティングの発表をおこなう会社には、

---

33)　*Doumet, Limbach and Theissen* (2015), p. 18.
34)　*Doumet, Limbach and Theissen* (2015), p. 20.
35)　*Doumet, Limbach and Theissen* (2015), p. 17.
36)　*Aders, Muxfeld and Lill* (2015), p. 396.
37)　*Pilsl and Knoll* (2016), p. 184 et seq.

浮動株比率、株式の流動性、そして時価総額のいずれもが明らかに相対的に小さいという特徴があると指摘しているのです[38]。

1.6 小　　　括

それぞれの研究に細かな違いはあれど、連邦最高裁が上場廃止の発表で株価は影響を受けないとした点で誤っていたと結論することができるでしょう。それは逆で、上場を廃止する発行会社の方針が公になると、市場は通常、値下がりの反応を示すのです。もっとも、規制市場からの上場廃止に関して言うと、値下がり幅は、ソルヴェンティスの研究が示すよりは小さいとわかりました。さらに、全ての規制市場から完全廃止する例がかなり少ないとわかりましたし、たとえ完全廃止の場面になったとしても、待機期間があれば5〜10％にのぼる損失から株主を保護することができるとは言えないとわかりました。さらに、ドイツの立法関係者は、初めての決断を下した2015年春、堅実で科学的な研究になんら基づいていなかったと言わざるを得ません。国会が新たな条文に効力を与えたとき、まだ事実をめぐる議論は終わっていなかったのでして、あの立法は当てずっぽうだったことになります。

2　利　益　衡　量

では、株主はこの損失を甘受せねばならないでしょうか。あるいは、この問題に立法者が介入する必要性はあったでしょうか。その答えは各種利益の衡量で求めるしかありません。すでに触れたとおり、株式取引所への上場はほとんどの株主にとり死活問題です。このことは、単なる投資目的で株式を保有する少額株主に、とくに当てはまります。彼らは投資した資金を、思いどおりに、即座に、簡単に、現金化できるからこそ株式を買うわけですが[39]、上場廃止はこの前提を奪います。上場廃止は譲渡制限とは異なるので、たしかに法的には出資をやめること／投資の回収がまだ可能ですが、株式譲渡は（もしできると

---

38) *Aders, Muxfeld and Lill* (2015), p. 396 et seq.
39) *Probst* (2013), p. 22.

しても）いわゆる証券会社（投資サービス業者）の助けが必要ですし、要するに大変に高く付くことになります[40]。これに加え、上場廃止には、上場している限りおこなう臨時報告や取引所から求められる適時開示をはじめとする各種開示の終了が伴います。株主にはなお、株主総会における情報請求権が残されてはいますが、証券アナリストや格付け機関はふつう非上場会社を相手にせず、株主は、事実上、金融仲介機関という、より有意義な情報源を喪うのです[41]。

これに対し、発行者が自ら望んで、自らの株式の上場廃止の承認を受けることには正当な利益があると言わざるを得ません。上場は数多くの義務を伴い、それゆえにかなりのコストがかかるのです[42]。上場維持のコストを上回る利益がないならば上場廃止は経済的に合理であり、禁ぜられるべきではありません[43]。たとえば、ある会社が資金力のある投資家独りから、より安価に資金調達できる状態にある場合、この会社の発行する株式は、すでに募集株式の引受による資本増強の見込みが立ちづらくなる程度に流動性を失っていることも十分に考えられます。この場合、この会社の株主を保護する必要性は高くありません。なぜならば、上場廃止の前からすでに、持株の市場での売却は、流動性の減少によって限定的なものとなっていたからです[44]。しかも、会社の得る利益により全株主が利得するのです[45]。

もっとも、上場廃止のなかには、それにより支配を強めるなどの個人的に有利な立場を手に入れようとする主要株主の主導するものがあります[46]。そう遠くない過去、その後に予定する少数株主のスクウィーズ・アウトを容易にするために、上場廃止の条件緩和を活用したいくつかの会社があったのです[47]。こ

---

40) 参照、*Thomas* (2009), p. 83.
41) この点については、*Casper* (2016), p. 134 et seq.
42) *Pluskat* (2002) によると、大規模な会社であれば€200万に達する (p. 11)。
43) See *Thomas* (2009), p. 77.
44) *Krolop* (2005), p. 153 et seq.; *Probst* (2013), p. 160 et seq.
45) *Ernemann* (2006), p. 193 et seqq.; また、*Held and Royé* (2012), p. 671 et seq.
46) *Morell* (2016), p. 70 et seqq.

のような場面では、株主の保護が必要です。そもそも立法者は、任意的な上場廃止を1998年に認めた段階で発行者の利益を考慮に入れており、その見返りに、発行者が少数株主の経済損失を補償する（reimburse）義務を負うのは当然とも思えます。最後の最後は、制度としての資本市場を保障する必要性が大きいかどうかで衡量の天秤の傾きが決まります。資本市場の効率は、その市場に対する投資家の信頼に大きく左右される以上[48]、この信頼をかちえるためには投資家保護が決定的に重要なのです。立法者がもし投資家に株式への投資を促したいなら、上場廃止があると投資額のかなりの部分を失う、と恐れる必要がないことを納得させねばなりません。結局、立法者には介入する必要があったということであり、正しくも、上場基準間の競争に信頼しなかったということなのです。この観点には、あらためて触れることといたしましょう。

IV　改正法の概要

では、主な概念を確認しておきます。上場廃止の要件は、ドイツ取引所法第39条に条文化されています。立法者は会社法による解決を捨て、証券取引法による解決を採ったものです。改正法により、上場廃止には原則として公開買付けは要求され、株主総会決議は不要となりました。

1　適用範囲

この規定は規制市場からの廃止とならんでダウンリスティングにも適用されます。この点で、かつての連邦最高裁の射程を越えています。これまで見てきた実証研究の結論を見る限り、ダウンリスティングを含めたのは疑問です。ダウンリスティングの発表による統計的に有意な値下がりは見いだせず、この場面の株主は保護に値しないと考えられます[49]。

---

47) *Bayer* (2015a), p. 197 ; *Wicke* (2015), p. 495 et seq.
48) *Vollmer and Grupp* (1995), p. 477 ; *Geyrhalter and Zirngibl* (2004), p. 1050.
49) そのように *Bungert and Leyendecker-Langner* (2015), p. 2253 ; *Karami and Schuster*

ただ、彼らが財産上の不利を恐れる必要はないとしても、ダウンリスティングにより情報開示の規制は免れるので、会社の今後に関する十分な情報を入手する手段は減ります。公開買付けを条件とするのは、こうした無形の不利益を補うためでもあるわけです[50]。

さらに、ダウンリスティングを含めることで、まずはダウンリスティング、直後にすべての自由市場からの上場廃止というやり口で公開買付けを回避する会社の登場が防げます[51]。

一方、自由市場からの廃止は改正条文の対象外で、これからも公開買付けなしで実行できます。自由市場が主として私法にゆだねられている以上、規制市場からの上場廃止に制約を課すことは納得しうるところです[52]。なお、取引所法第39条第4項によると、改正法は国外の発行者に対しても平等に適用されます[53]。

2 取引所業務執行者による取引許可（上場登録）取消しの条件

取引所法第39条第2項によると、上場会社は自らの取引許可（上場登録）を取消すよう取引所に申請できます。しかし、取消しが許されるのは、株主全員に対する公開買付けが「有価証券の取得と買収に関する法律（WpÜG）」の定めに従ってなされたときです。ただし、WpÜGとは異なり、勧誘に条件を付すことはできませんし、買付けの反対給付（「対価」）は現金でなければなり

(2016), p. 116； *Seibt* (2015), p. 8；このほか、ダウンリスティングを含めることに批判的な *Goetz* (2015), p. 2694.

50) 同様に、*Harnos* (2015), p. 754；*Brellochs* (2014), p. 645.
51) いわゆる段階的上場廃止（'stepped delisting'）につき参照、*Bayer* (2015b), p. 858. 2002年の連邦最高裁判決によっても公開買付けが条件とされていた。参照、Higher Regional Court Frankfurt/Main, 20 December 2011, File Number 21 W 8/11, Zeitschrift für Wirtschaftsrecht (ZIP) (2012), p. 371 et seqq.
52) 同様に、*Groß* (2015), p. 814；*Koch and Harnos* (2015), p. 732.
53) 取引所法の規制は国外の発行者にも原則として適用されるので、国内外を分ける必要性は乏しい。参照、*Harnos* (2015), p. 757 et seq.

ません。この公開買付けは大株主がおこなうこともあるし、第三者がおこなうこともあります[54]。

　もし、会社自身が自己株式を取得したいならば、資本維持の規整を考慮せざるを得ません[55]。上場登録の取消しはあくまで取引所の取締役会が決定するとしても、廃止する会社には、法的要件を満たす限り上場廃止する権利があるので、取引所が上場基準で上乗せ要件を定めることは許されません[56]。公開買付けを条件とせずに済むのは、対象株式が他の国内もしくは欧州証券取引所の規制市場で取引可能でありつづける場合に限られます。

3　取引所価格に基づく金銭補償という原則

　金銭補償額は、上場廃止の発表に先立つ六か月間の取引所価格の加重平均によるのが原則とされました。企業価値に基づく価格を補償額とする選択肢は、支持者はいたものの、国会審議で不採用が決まりました[57]。すでに見たように、株主は持株を取引所の取引所価格以外で売却したくないという信頼を持っていてしかるべきですから、この判断は、考慮に入れた利益に合致しています[58]。それに、取引所価格は、企業価値よりもはるかに容易に確定でき、発行企業の費用は小さく、紛争にもなりにくいのに対し、企業価値の算定はいくつもの不確実性に影響され、安定した結論が得られないことも考えれば、この結論でよいのだと思います[59]。

　WpÜGとは異なり、加重平均の期間を三か月から六か月に伸ばしていますが、こうすることで改正法は、上場廃止に至る銘柄が共通して流動性に乏しい

---

54)　*Mense and Klie* (2015), p. 2783 ; *Goetz* (2015), p. 2692.
55)　*Buckel, Glindemann and Vogel* (2015), p. 380 ; また、*Schockenhoff* (2013), 2434 et seq.
56)　*Groß* (2015), p. 814.
57)　企業価値に基づく価格の支持者として特筆すべきなのは、*Bayer* (2015b), p. 857 及び *Koch* (2015), p. 6 et seq.
58)　参照、*Casper* (2016), p. 142.
59)　参照、*Buckel, Glindemann and Vogel* (2015), p. 379.

という市場環境を考慮に入れています[60]。

4 相場操縦や情報開示規制違反の場合、企業価値に基づく金銭補償額が用いられる

　取引所法第39条第3項は、上場廃止の発表前六か月間に発行会社が臨時報告等の開示（内部者情報開示）義務に違反したり、相場操縦を犯したりした場合には、金銭補償額の算定を企業価値に基づいて算定せねばならないと定めました。これらの場合に公開買付けの応募者は、提示された買付け価格と当該会社の企業価値に基づく補償額との差額分を請求する権利があります。

　このような例外を置くのは、基本的には、会社が廃止に伴う費用を圧縮しようと株価を下げようとする可能性に正面から立ち向かうためです[61]。しかしながらその詳細についてはいくつもの疑問があります。たとえば、相場操縦によって企業価値を超える株価になったらどうするのか。規定は株主の利益になる方向でだけ用いられるものとされているので、その企業価値によって補償額を決めてしまうというわけにはいきません[62]。そうかといって操縦された取引所価格に拠ってよいでしょうか、何らかの調整が必要でしょうか[63]。また、この条文が六か月内の操縦だけを問題としているのか、それともそれ以前におこなわれた操縦で対象期間の株価にまだ著しい影響が残っているものも含めるのか、明らかではありません[64]。このほかにも、従属企業が犯した違反行為のうち、支配会社の行為とされるのはどの範囲か、明確な定めがありませんし[65]、さらには、臨時報告等の内部者情報開示義務違反に関しては、WpÜG第15条第3項によ

---

60) BT-Drucks. 18/6220, p. 84.
61) 参照、*Harnos* (2015), p. 760. ただし、条文は、相場操縦の法律上の定義に当てはまらない方法で価格を下げようとする経営者には対応できない。
62) 操縦で値上がりする場面を考えた異説として、*Harnos* (2015), p. 762 et seq.
63) *Casper* (2016), p. 143.
64) 同様に、*Bayer* (2015c), p. 1175 et seq.
65) 潜脱を防ぐため、支配会社の行為とみなす規定が必要、参照、*Harnos* (2015), p. 766 et seq.

る免除（a self-liberation）の条件をいかなるものとすべきか、答えを出さねばなりません[66]。なお、注意すべきなのは、取引所価格に軽微な影響しか与えなかった違反については、企業価値に基づく金銭補償が義務とはされていない点です。

5 株式の流動性が乏しい場合にも、企業価値に基づく金銭補償

もう一つの例外は、公開買付け公表前六か月間に、三取引日あたり一日の割合で公式の取引所価格が確定されず、かつ、確定された取引所価格が連続する数日間にわたり相互に5％を超える幅で変動している場合、とされています。この状況下では、取引所価格が発行会社の企業価値を算定する堅実な基盤とはなりえないと考えられました[67]。もっとも、アドラー＝ムクスフェルト＝リル研究が対象とした（自由市場からの上場廃止を含む）三十三件のうち、この二つの要件をともに満たすものは四件しかありません[68]。

もしも立法者が、取引所価格に基づく金銭補償を、価格が確定できるときにだけ認めたいのだとしたら、選ばれる閾値には調節が必要でしょう。ただ、投資家は保有株式の流動性リスクを負担するのが原則であって、もともと流動性に乏しい銘柄だったのなら、上場廃止が持株をより売りづらくするとは言えないわけです。このような場面では投資家が保護に値せず、公開買付けの必要はまったくないと結論する者がいてもおかしくはないわけです[69]。

6 司法上の保護

司法上の保護は二種類です。一つは、取引所による取引許可（上場登録）の取消を投資家が争い、（行政行為として）行政裁判に訴えることです[70]。ただ

---

66) この点につき、*Harnos* (2015), p. 761.
67) BT-Drucks. 18/6220, p. 85.
68) *Aders, Muxfeld and Lill* (2015), p. 396 et seq.
69) そのような説として、*Probst* (2013), p. 160 et seq.; *Roßkopf* (2014), p. 500 et seq. この点について、*Casper* (2016), p. 145.
70) *Groß* (2015), p. 818 et seq.

この訴えは、取引所法第 39 条第 3 項所定の公開買付けがおこなわれていないという事実を根拠とすることができず、（上場廃止の有効性に影響しうる）金銭補償の金額に関する対立を取り扱うことができません。その代わり、二つめとして、投資家は、より多額の支払いを求めて通常裁判所に訴えることができます。しかし、この金額は、公開買付けのために用意された、株式法または組織変更法（Umwandlungsgesetz (UmwG)）上の特別な抗告手続（Spruchverfahren）の対象外となります。適切な利益衡量のためには、また、この手続の猛烈な遅さを考え併せると、この制限は望ましいものと言えます[71]。

V コーポレート・ガバナンス論からする改正法の評価

1 上場廃止の要件に株主総会決議は必要か？

立法者は株主総会決議を要求しない条文を用意しました。以下では、この一大論点を検討し、コーポレート・ガバナンスの見地から、上場廃止に株主総会の関与を認めるべきか論じようと思います。

1.1 定款変更に匹敵する会社の基礎的変更

1937 年以来、ドイツの会社法は、株式会社の制度における株主総会、取締役会、そして監査役会という三者の力のつりあいを特徴とする、という前提を変えていません。会社法の定める権限分配にのっとり、株主総会には株主の集合的意思の形成が委ねられています。したがって株主総会は、定款変更や資本増加をはじめとする、会社の基礎に影響する問題のすべてについて決定しなくてはなりません。株式法第 118 条第 1 項や第 119 条第 2 項です。それでは、上場廃止は、そうした基礎的問題の一つにかぞえられるでしょうか。この問いに答えるには、スクウィーズアウトや組織変更のように、総会決議が絶対に必要な他の措置と上場廃止とを、会社法の文脈において、比較することが有益でし

---

[71] そのように、*Brellochs* (2014), p. 645 ; *Habersack* (2015), p. 7、また、この点では批判的な *Harnos* (2015), p. 779 et seq.

よう。

　ある決定が株主の経済的利益に影響を及ぼすということだけで、それが基礎的問題に換わるものではありません。そうではなく、もともと経済的に重要な経営者の判断には、いずれについても、総会による承認が求められているのです。ただ、経営者が、会社を、自らの責任において導くとするのが法ですから（株式法第76条第1項）、所詮、経営者が日常的に下す判断と総会の承認を要する判断との区別は、法の基準に従う以外ありません。そして、ある措置の経済的な影響が重大で、法的考慮の対象とする必要があるとされるのは、限られた場面です[72]。会社の基礎にかかわる決定と言えるためには、定款変更を要する措置と同程度の法的影響が認められなければならない、というのが法の立てる基準であり、会社の構造を変更する、または、株主の権利を害するものが、基礎的措置としてとくに承認を受けねばならない措置です[73]。

　以上のことが上場廃止に当てはまるでしょうか。まずなによりも、上場廃止は会社の法的構造をあらためるものでもなければ、株主の議決権や剰余金配当請求権に影響するものでもありません。資本増加とは対照的に、株主は持株比率の希釈化を心配する必要もない。上場廃止によって株式の価値減少が生ずるのは事実ですが、そのことだけで株主総会を関与させる十分な根拠とはできません。価格下落による損失は、すでに見たとおり、株式の経済的実質を侵害するほど著しいとは言えないのです。

1.2　上場廃止にはスクウィーズアウトに等しい効果があるか

　それでも、上場廃止はスクウィーズアウトに似ているということができます。もちろん上場廃止で株主が法的に権利を奪われるわけではありませんが、たいていの株主にとって保有株式の譲渡可能性は大きい方が望ましく、上場廃止が実行される前に持株を売却する以外の選択肢はないものと考えてしまうか

---

72)　参照、*Auer* (2015), p. 77 et seq. さらに、Federal Constitutional Court, 11 July 2012, File Numbers 1 BvR 3142/07 and 1 BvR 1569/08, BVefGE 132, p. 125.

73)　*Auer* (2015), p. 73 ; *Kiefner and Gillesen* (2012), p. 650.

もしれません[74]。もっとも、出資をひきあげるかどうかの決定が一つの要因にのみ依存するものではなく、非上場会社に残るというのにも十分合理的な理由があるでしょう。高配当の期待があるとか、他の措置との関係でより高額の金銭補償を得られる期待があるとか、です[75]。株主に出資をひきあげさせる点で比較すると、上場廃止自体には、スクウィーズアウトに匹敵する経済的な強制力は認められません。

1.3 上場廃止は組織変更と同様か

では、組織変更との類似性はどうでしょう。類似性が認められれば、それを根拠に株主総会の権限を及ぼすことができるかもしれません。

株式法には上場会社だけを対象とする条文がいくつかあるので[76]、一見この命題は肯定されるかのようにも思うかもしれませんが、仔細に検討してみますと、それらが総会決議を要求するほどに重要な差異をもたらす条文とまでは言えないことがわかります。もちろん上場会社には、多数の、そしてなお増えつづける証券関連の規制[77]を遵守しなくてはなりませんけれど、それらの規制が株主と取締役との関係を本質的に変えてしまうことはなく、コーポレート・ガバナンスの文脈からは視野の外においてよいでしょう。

また、株式の譲渡性が制約される点では、非上場会社と GmbH など有限責任の持分会社との間にも一定の類似性が認められます[78]。しかしながら有限責任の持分会社には、社員に共同事業に参画する権利が広汎に認められる特徴があり、そうした形態への組織変更には、通常、大株主の影響力が明確に増大す

---

74) そのように Bayer (2015b), p. 857. そして、Koch (2015), p. 5.
75) 参照、Wieneke (2014), p. 24.
76) 例えば、株式法第 67 条第 6 項第 1 文：株主名簿に登録された株主情報の請求権；第 110 条第 3 項第 1 文：監査役会の開催義務（半年に二度）；第 121 条第 3 項第 3 文：総会招集通知の通知事項（代理行使や書面投票等）。
77) とくに EU 法を念頭に置いている、例、Market Abuse Regulation (*Regulation 596/2014*) (MAR).
78) そのように Picot (2009), p. 66 ; Hellwig (1999), p. 800.

るという結果が伴います[79]。しかし、法による上場廃止で株主の支配は変動しません。

1.4 小　　括

以上をまとめてみます。上場廃止は、株主総会決議を要する各種措置には匹敵しません。したがってコーポレート・ガバナンスの観点からは、上場廃止に株主総会を含む手続きを用意する必要はありません。

しかも、多くの上場廃止は大株主の望むところですから、かつての判例で要求されていた株主総会の過半数の賛成を要件とする決議を強制しても、大して厳しい要件とはなりません。もちろん、より成立要件を加重したり、少数株主の決議を別途要求するなどの立法は可能ですし[80]、株主総会の開催は投資家に情報提供のよい機会となるのは論を俟ちません。

ただ、その場合にやはり気になるのは、総会決議に異議を挟むばかりの特殊な株主が足を引っ張ることで生ずる遅延や財産上の損害です。そうした株主は、足を引っ張っておいて、財産上の利益を十分に手に入れたならば、そうした行動を止めるのです[81]。発行会社には、強制的公開買付けの義務を課されていることを考えれば、それ以上の要件を課すことは相当でないでしょう[82]。したがって、立法者がこの問題を株主総会の権限としなかったことは適切であったと評価するべきです。

---

79) 参照、*Thomas* (2009), p. 173.
80) *Wicke* (2015), p. 496. は、それを要求する。しかし、四分の三を成立要件としたとしても十分ではないだろう。というのも、連邦最高裁の 2013 年判決の影響下でおこなわれた任意的上場廃止は、平均して浮動比率が 10％に満たないのだ。参照、*Karami and Schuster* (2015), p. 32.
81) *Baums, Keinath and Gajek* (2007), p. 50. によると、実証研究の結果、株主総会決議を争う訴訟の七割以上が"プロ"原告によるものであり、和解で終結しているという。
82) 同旨 *Buckel, Glindemann and Vogel* (2015), p. 379.

2 立法による方が取引所の上場基準によるよりも、望ましいか

　最後に、法律という方法で条文化するとの選択が、上場基準の競争といったソフトローによるよりも良いのかどうかについて考えます。

　ドイツには、フランクフルト証券取引所のほか、各地に六つの証券取引所があり、理論上、上場基準の競争が成立しうる状況にあります[83]。取引所は、投資家に配慮した上場廃止要件を上場基準に定めることで投資家の歓心を買うことができるわけです。デュッセルドルフ証券取引所はその実例で、慎重なる判断の下、連邦最高裁 2002 年判決の定立した厳格な要件を維持し、国内の他の取引所との差異化を図りました[84]。取引所の間で投資家保護の水準が違えば、取引する場所を変える投資家もいるでしょう。法の介入がなくとも、それ以上に強い投資家保護が実現するという結末はあり得ます。ところが、現下の法状況はこの逆をおこなっていて、投資家保護の上乗せを許しておりません[85]。しかしながら、ふつうの個人投資家がどこで取引をするか選ぶときに、上場廃止の条件を考慮するとは考え難いわけです。彼らの判断はむしろ、特定の取引所における一定の株式の価格に左右されるはずです。つまり、上場基準の競争が上場廃止の場面における投資家保護の水準を引き上げるだろうと信じることはできないのです。現実はその正反対と思われるのであり、取引所は上場廃止の要件を著しく緩和して発行会社を惹き寄せようとする可能性があります[86]。上場基準の競争は、ついには「レース・トゥ・ザ・ボトム」となり、投資家保護に悪い影響を与えるかもしれません[87]。フランクフルト証券取引所がドイツにおいて占める特権的な地位を考え併せれば、競争が成立する可能性は初めから

---

83) 議論を概観するものとして *Maume* (2015), p. 257 et seqq.
84) https://www.boerse-duesseldorf.de/presse/pressemitteilungen?id=899（2016 年 6 月 28 日に確認済み）.
85) 参照、Sec. 4.2.
86) この点につき、*Brummer* (2008), p. 1451.
87) 参照、*Maume* (2015), p. 258.

小さかったということになります。

　このような判断は、すでに述べたドイツの経験が語っているところです。上場廃止の要件に関する連邦最高裁の最初の判決が出された 2002 年までの上場基準の競争は、投資家保護の水準を上げませんでした。現実はその正反対で、われわれは、フランクフルト証券取引所が 2002 年 3 月にその基準を緩め、いくつもの取引所が追随するに至って、レース・トゥ・ザ・ボトムが始まったことを知っています。そして予想どおり、連邦最高裁が 2013 年に判例をあらためると、ほとんどの取引所が緩和していた上場基準を元に戻したのです。ただ一つ、公開買付けとともに株主総会決議を要求しつづける取引所（デュッセルドルフ）は存在しますが[88]、すでに見たとおり、ほとんどの取引所が採用する待機期間（上場廃止の決定とその実行との間）では、実効的に投資家を保護することはできません。

　経済的にみれば、国の法による介入は限定的であるべきです[89]。ドイツの資本市場は、他の EU 域内と同様、すでに強い規制が及んでいます。したがって、さらなる制約には慎重な衡量がなされねばなりません。上場廃止の要件が厳しすぎる場合、株式を公開しないでおこうとする会社もあるでしょう[90]。改正条文は外国会社も適用対象なので、ドイツの資本市場の競争力が失われると心配する声もあります[91]。しかし、イの一番に考えるべきは、資本市場が投資家を惹き付けなければならないということです。上場基準の競争が期待される結果を出していない以上、法改正は望ましいのです。

---

88)　註 84）のプレスリリース（2014 年 4 月 7 日付）を参照。
89)　他にも *Karami and Schuster* (2016), p. 116 et seqq.
90)　参照、*Brellochs* (2014), p. 644.
91)　そのようなものとして *Bungert and Leyendecker-Langner* (2015), p. 2252 et seq.; *Seibt* (2015), p. 7.

VI 結　　論

　結論を言いましょう。私は、ドイツの立法者がソフトローに信頼した連邦最高裁の判断を覆したのは正しいと考えます。改正法は株主と発行会社の利益を適切に衡量しています。株主は上場廃止に基づくいかなる財産上の損害をも甘受する必要がありません。2013年の判例変更後、このことは保障されなくなってしまいました。ほとんどの取引所が要求している待期期間は効果的な投資家保護とはなりません。その根拠は、上場廃止の発表がもたらす株価下落幅が平均して10％に達することです。よって、廃止発表後、取引所取引で投下資本を回収するならば、かなりの値引きをしないと売却できません。

　一方、強制的公開買付けがおこなわれれば、上場廃止が株主に財産上の不利益を与えずに済みます。同じ水準で投資家保護を達する他のより制約的でない手段を、私たちは持っておりません。そして、上場基準の競争が十分に機能しなかったことは特筆すべきでしょう。なお、株主総会決議を要求する必要はありません。上場廃止が会社の基礎的変更をもたらさないからです。

References

- *Aders C, Muxfeld D, Lill F* (2015) Die Delisting-Neuregelung und die Frage nach dem Wert der Börsennotierung. Corporate Finance (CF), p. 389
- *Auer M* (2015) Der Rückzug von der Börse als Methodenproblem. Juristenzeitung (JZ) 70:71
- *Baums T, Keinath A, Gajek D* (2007) Fortschritte bei Klagen gegen Hauptversammlungsbeschlüsse? Eine empirische Studie. http://www.ilf-frankfurt.de/fileadmin/_migrated/content_uploads/ILF_WP_065.pdf. Accessed 20 May 2016
- *Bayer W* (2015a) Die Delisting-Entscheidungen „Macroton" und „Frosta" des II. Zivilsenats des BGH. Zeitschrift für die gesamte Privatrechtswissenschaft (ZfPW), p. 163
- *Bayer W* (2015b) Aktionärsschutz beim Delisting : Empfehlungen an den Gesetzgeber. Zeitschrift für Wirtschaftsrecht (ZIP), p. 853

- *Bayer W* (2015c) Korrektur der Frosta-Rechtsprechung durch den Gesetzgeber. Neue Zeitschrift für Gesellschaftsrecht (NZG), p. 1169
- *Bayer W, Hoffmann T* (2013) Kapitalmarktreaktionen beim Delisting. Die Aktiengesellschaft (AG), p. R371
- *Bayer W, Hoffmann T* (2015a) Die Folgen von Frosta: Zur vorläufigen empirischen „Schadensbilanz" von BGH v. 8.10.2013 – II ZB 26/12. Die Aktiengesellschaft (AG), p. R55
- *Bayer W, Hoffmann T* (2015b) Das „FRoSTA"-Zeitalter ist zu Ende – ein rechtstatsächlicher Nachruf. Die Aktiengesellschaft (AG), p. 307
- *Brellochs M* (2014) Der Rückzug von der Börse nach Frosta. Die Aktiengesellschaft (AG), p. 633
- *Brummer C* (2008) Stock exchanges and the new markets for securities laws. Univ Chic Law Rev 75:1435
- *Buck-Heeb, P* (2014) Kapitalmarktrecht, 7th ed. C.F. Müller, Heidelberg
- *Buckel J, Glindemann J, Vogel C* (2015) Delisting nach „Frosta" – Eckpunkte für eine gesetzliche Regelung. Die Aktiengesellschaft (AG), p. 373
- *Bungert H, Leyendecker-Langner B* (2015) Unternehmensbewertung oder Durchschnittsbörsenkurs beim Delisting? Der Betrieb, p. 2251
- *Casper M* (2016) Delisting – das Ende einer unendlichen Geschichte? In: Casper M et al (eds) Festschrift für Johannes Köndgen zum 70. Geburtstag. RWS, Köln, pp. 117-147
- *Doumet M, Limbach P, Theissen E* (2015) Ich bin dann mal weg: Werteffekte von Delistings deutscher Aktiengesellschaften nach dem Frosta-Urteil. http://papers.ssrn.com/sol3/papers.cfm?abstract_id=2660074. Accessed 20 May 2016
- *Eisele F, Walter A* (2006) Kursreaktionen auf die Ankündigung von Going Private-Transaktionen am deutschen Kapitalmarkt. Schmalenbachs Zeitschrift für betriebswissenschaftliche Forschung (ZfbF), p. 337
- *Engert, A* (2002) Wettbewerb der Normen und Sanktionierung durch das Recht. In: Witt C-H/Casper M et al, Die Privatisierung des Privatrechts – Rechtliche Gestaltung ohne Zwang, Boorberg, Stuttgart, p. 31-59
- *Ernemann S* (2006) Das Reguläre Delisting. Dr. Kovac, Hamburg
- *Friedman T* (1995) Foreign Affairs; Don't Mess With Moody's, The New York Times from February 22, 1995
- *Gasse N* (2016) Aktienkursreaktionen auf Delistingankündigungen – eine kritische Analyse der Studie der Solventis Wertpapierhandelsbank. http://wwwfb03.jura.uni-muenster.de/go/organisation/institute/zivilrecht/ukr1/forschen/bisherige-

- publikationen/aufsaetze.html. Accessed 31 May 2016
- *Geyrhalter V, Zirngibl N* (2004) Alles unklar beim formalen Delisting – eine Zwischenbilanz 18 Monate nach „Macroton". Deutsches Steuerrecht (DStR), p. 1048
- *Goetz A* (2015) Fragwürdige Neuregelung des Börsenrückzugs. Betriebs-Berater (BB), p. 2691
- *Groß W* (2015) Die Neuregelung des Anlegerschutzes beim Delisting. Die Aktiengesellschaft (AG), p. 812
- *Habersack M* (2012) Staatliche und halbstaatliche Eingriffe in die Unternehmensführung. In : DJT (ed), Verhandlungen des 69. Deutschen Juristentags, Vol. 1, Verlag C.H.Beck, München
- *Habersack M* (2014) Comment. Juristenzeitung (JZ) 69:147
- *Habersack M* (2015) Stellungnahme zum Entwurf eines Gesetzes zur Änderung des Aktiengesetzes (Aktienrechtsnovelle 2014) im Rahmen der öffentlichen Anhörung vor dem Ausschuss für Verbraucherschutz und Recht des Deutschen Bundestages am 6.5.2015. https://www.bundestag.de/blob/372592/4fa5dcc6925299639e78e4ee209de2 f5/habersack-data.pdf. Accessed 20 May 2016
- *Harnos R* (2015) Aktionärsschutz beim Delisting. Zeitschrift für das gesamte Handelsrecht und Wirtschaftsrecht (ZHR) 179:750
- *Heldt C, Royé C* (2012) Das Delisting-Urteil des BVerfG aus kapitalmarktrechtlicher Perspektive. Die Aktiengesellschaft (AG), p. 660
- *Hellwig, H-J* (1999) Möglichkeiten einer Börsenreform zur Stärkung des deutschen Kapitalmarkts. Zeitschrift für Unternehmens- und Gesellschaftsrecht (ZGR) 28:781
- *Karami B, Schuster R* (2016) Anlegerschutz beim Börsenrückzug im Spannungsfeld zwischen Rechtsdogmatik, Jurisprudenz und Rechtstatsachenforschung – Problemskizze und Würdigung aus ökonomischer Sicht. Corporate Finance (CF), p. 106
- *Karami B, Schuster R* (2015) Eine empirische Analyse des Kurs- und Liquiditätseffekts auf die Ankündigung eines Börsenrückzugs am deutschen Kapitalmarkt im Lichte der „FRoSTA"-Entscheidung des BGH. http://hbfm.link/300. Accessed 20 May 2016
- *Kiefner A, Gillessen B* (2012) Die Zukunft von Macroton im Lichte der jüngsten Rechtsprechung des BVerfG. Die Aktiengesellschaft (AG), p. 645
- *Klabbers, J* (1998) The Undesirability of Soft Law. Nordic Journal of International Law, 67:381–391
- *Koch J* (2015) Stellungnahme zur Aktienrechtsnovelle 2014 und Änderungsanträgen im Rahmend der öffentlichen Anhörung vor dem Ausschuss für Verbraucherschutz und Recht des Deutschen Bundestages am 6.5.2015. https://www.bundestag.de/blob/

373420/7f7973bb06ba786c2060c6795ce4b7d7/koch-data.pdf. Accessed 20 May 2015
- Koch J, Harnos R (2015) Die Neuregelung des Delistings zwischen Anleger- und Aktionärsschutz. Neue Zeitschrift für Gesellschaftsrecht (NZG), p. 729
- Krolop K (2005) Der Rückzug vom organisierten Kapitalmarkt (Delisting). De Gruyter, Berlin
- MacKinlay C (1997) Event Studies in Economics and Finance. J Econ Lit 35:13
- Maume P (2015) The Parting of the Ways : Delisting Under German and UK Law. Eur Bus Org Law Rev 16:255
- Mense C, Klie M (2015) Neues zum Going Private – Praxisfragen zur aktuellen Rechtslage zum Delisting. Deutsches Steuerrecht (DStR), p. 2782
- Möllers, Ch (2015) Die Möglichkeit der Normen, Suhrkamp, Berlin
- Morell A (2016) Gefahr erkannt, Gefahr gebannt? Ist eine Abfindung beim regulären Delisting aus Effizienzsicht überhaupt geboten? Journal of Banking Law and Banking (JBB), p. 67
- Picot C (2009) Die Rechte der Aktionäre beim Delisting börsennotierter Gesellschaften. Peter Lang, Frankfurt am Main
- Pilsl L, Knoll L (2016) Delisting und Börsenkurs. Der Betrieb, p. 181
- Probst M (2013) Rechtsfragen des regulären Börsenrückzugs. Nomos, Baden-Baden
- Pluskat (2002) Rechtsprobleme beim Going Private. Logos, Berlin
- Roßkopf G (2014) Delisting zwischen Gesellschafts- und Kapitalmarktrecht. Zeitschrift für Unternehmens- und Gesellschaftsrecht (ZGR) 43:487
- Schlote K, Schmitt J (2015) Delisting nach Frosta – Investoren, Börsen und Gesetzgeber gefordert. HV-Magazin, p. 26
- Schockenhoff M (2013) Delisting – Karlsruhe locuta, causa finita? Zeitschrift für Wirtschaftsrecht (ZIP), p. 2429
- Seibt C (2015) Stellungnahme in Thesenform für die Öffentliche Anhörung im Deutscher Bundestag-Finanzausschuss am 7. September 2015. https://www.bundestag.de/blob/386948/33e87f205911ce0a8fa5e30e79baa357/10-prof-seibt-data.pdf. Accessed 20 May 2016
- Sharpe W (1963) A Simplified Model for Portfolio Analysis. Manag Sci 9:277
- Streit G (2002) Delisting Light – Die Problematik der Vereinfachung des freiwilligen Rückzugs von der Frankfurter Wertpapierbörse. Zeitschrift für Wirtschaftsrecht (ZIP), p. 1279
- Thomale C (2013) Minderheitenschutz gegen Delisting – die MACROTON-Rechtsprechung zwischen Eigentumsgewähr und richterlicher Rechtsfortbildung. Zeitschrift für Unternehmens- und Gesellschaftsrecht (ZGR) 42:686

- *Thomas G* (2009) Delisting und Aktienrecht. Duncker & Humblot, Berlin
- *Vollmer L, Grupp A* (1995) Der Schutz der Aktionäre beim Börseneintritt und Börsenaustritt. Zeitschrift für Unternehmens- und Gesellschaftsrecht (ZGR) 24:459
- *Wicke H* (2015) Aktionärsschutz beim Delisting – Reformüberlegungen nach der Frosta-Entscheidung des BGH. Deutsche Notar-Zeitschrift (DNotZ), p. 488
- *Wieneke L* (2014) Aktien- und kapitalmarktrechtlicher Schutz beim Delisting nach dem FRoSTA-Beschluss des BGH. Neue Zeitschrift für Gesellschaftsrecht (NZG), p. 22
- *Wilsing H-U, Kruse T* (2002) Die Änderung des § 54a BörsO/Ffm: Ein Schritt in die richtige Richtung? Neue Zeitschrift für Gesellschaftsrecht (NZG), p. 807

マティアス・カスパー教授 著作目録

(2018 年 1 月 17 日現在)

Prof. Dr. Matthias Casper, Dipl.-Ök.
Institut für Unternehmens- und Kapitalmarktrecht

Schriftenverzeichnis
Stand : 17. 01. 2018

I. **Herausgebertätigkeiten, Monographien**

1. German Corporate Governance in International and European Context Springer, 3. Aufl. 2017 (Mitherausgeber zusammen mit Jean du Plessis, Bernhard Großfeld, Claus Luttermann, Ingo Saenger und Otto Sandrock)
2. Kapitalismuskritik im Christentum – Positionen und Diskurse in der Weimarer Republik und der frühen Bundesrepublik Campus Verlag, 2016 (434 Seiten) (Mitherausgeber zusammen mit Karl Gabriel und Hans-Richard Reuter)
3. Festschrift für Johannes Köndgen zum 70. Geburtstag RWS-Verlag, 2016 (ca. 700 Seiten) (Mitherausgeber zusammen mit Lars Klöhn, Wulf-Henning Roth und Christian Schmies)
4. Zahlungsdiensteaufsichtsgesetz Verlag C.H.Beck, München, 2014 (Mitherausgeber zusammen mit Matthias Terlau) [Rezensiert von *Werner,* WM 2014, 1555]
5. Was vom Wucher übrigbleibt - Zinsverbote im historischen und interkulturellen Vergleich Mohr Siebeck, 2014 (Mitherausgeber zusammen mit Fabian Wittreck und Norbert Oberauer)
6. German Corporate Governance in International and European Context Springer, 2. Aufl. 2012 (Mitherausgeber zusammen mit Jean du Plessis, Bernhard Großfeld, Claus Luttermann, Ingo Saenger und Otto Sandrock) [Rezensiert von *Merkt,* ZVglRWiss 113 (2014) S. 463 f.]
7. Auf dem Weg zu einer europäischen Sammelklage? Verlag Sellier. european law publishers, 2009 (Mitherausgeber zusammen mit André Janssen, Petra Pohlmann und Reiner Schulze)
8. Wechsel- und Scheckgesetz, Recht der kartengestützten Zahlungen Fortführung des von Baumbach/Hefermehl begründeten Kommentars Verlag C.H.Beck, München, 23. Aufl. 2008 [Rezensiert von *Richardi,* NJW 2009, 970]
9. Steuerungsfunktionen des Haftungsrecht Nomos-Verlag, 2007 (Mitherausgeber zusammen mit Gregor Bachmann, Carsten Schäfer und Rüdiger Veil)
10. Zeitschrift für Bankrecht und Bankwirtschaft (ZBB) RWS-Verlag Köln (Mitherausgeber und Schriftleiter, seit 2006)
11. Schriftenreihe „Abhandlungen zum Gesellschafts-, Bank- und Kapitalmarktrecht", Nomos-Verlag, seit 2006, bisher ca. 60 Bände (Mitherausgeber zusammen mit Gregor Bachmann, Carsten Schäfer und Rüdiger Veil)

12. Der Optionsvertrag (Jus Privatum Bd. 98) Verlag Mohr Siebeck, Tübingen 2005 (Habilitationsschrift) [Rezensiert von *Hammen,* WM 2006, 1559]
13. German Law Journal – Review of Developments in German, European & International Jurisprudence englischsprachige Internetzeitschrift, erscheint monatlich unter: http://www.germanlawjournal.com (2002-2012 : Co-Editor, since 2013 : Member of the Advisory Board)
14. Privatisierung des Privatrechts - rechtliche Gestaltung ohne staatlichen Zwang Jahrbuch der Gesellschaft Junger Zivilrechtswissenschaftler 2002, Boorberg-Verlag 2003 (Mitherausgeber zusammen mit Carl-Heinz Witt u.a.)
15. Heilung nichtiger Beschlüsse im Kapitalgesellschaftsrecht (Rechtsfragen der Handelsgesellschaften Bd. 100) Verlag Dr. Otto Schmidt KG, Köln 1998 (Dissertation) [Rezensiert von *G. Bezzenberger,* ZHR 164 (2000), 641-648 ; *Emmerich,* AG 1999, 480]

II. Kommentierungen, Lexikon-Beiträge

1. Wechsel- und Scheckgesetz, Zahlungsverkehr Fortführung des von Baumbach/Hefermehl begründeten Kommentars Verlag C.H.Beck, München, 24. Aufl. in Vorbereitung für 2018
2. Kommentierung Art. 229 § 22 Abs. 1 und § 45 sowie Art. 248 EGBGB in : Münchener Kommentar zum BGB, Bd. 12 Verlag C.H.Beck, München, 7. Aufl. 2017
3. Kommentierung der §§ 675c – 675i BGB (Grundlagen des Zahlungsverkehrsrechts) in : Münchener Kommentar zum BGB, Bd. 5 (2. Halbband) Verlag C.H.Beck, München, 7. Aufl. 2017
4. Kommentierung der AGB-Banken und AGB-Sparkassen in : Derleder/Knops/Bamberger (Hrsg.) Handbuch zum deutschen und europäischen Bank- und Kapitalmarkrecht Springer Verlag, Heidelberg, 3. Aufl. 2017
5. Kommentierung der §§ 53-64, 78 GmbHG, Anh. zu § 77 (GmbH-Konzernrecht) in : Ulmer/Habersack/Löbbe (Hrsg.) Großkommentar GmbH-Gesetz, Band 3 Verlag Mohr Siebeck, Tübingen, 2. Aufl. 2016 (§§ 53-55, 56-57o GmbHG zusammen mit *Peter Ulmer*)
6. Kommentierung des § 47 GmbH-Gesetz (inkl. des Beschlussmängelrechts) in : Bork/Schäfer (Hrsg.) GmbH-Gesetz RWS-Verlag, Köln, 3. Aufl. 2015
7. Kommentierung der Art 1-37 und Art. 61-70 SE-Verordnung sowie Einl. zu § 241 AktG ; § 242 AktG in : Spindler/Stilz (Hrsg.) Aktiengesetz – Kommentar, Bd. 2 Verlag C.H.Beck, München, 3. Auf. 2015
8. Kommentierung der §§ 161-169 HGB (Innenrecht der Kommanditgesellschaft) in : Canaris/Habersack/Schäfer (Hrsg.), Staub HGB, Bd. 4 Walter de Gruyter , 5. Aufl. 2015
9. Kommentierung der Art. 228, Art. 229 § 22 Abs. 1-2, Art. 248 §§ 1-19 EGBGB

(Informationspflichten und Übergangsregelungen im Zahlungsverkehr) in: Münchener Kommentar zum BGB, Bd. 11 Verlag C.H.Beck, München, 6. Aufl. 2015

10. Kommentierung des § 1 Abs. 1-5 und Abs. 5. 10 ; § 35 ZAG in : Casper/Terlau (Hrsg.) Zahlungsdiensteaufsichtsgesetz Verlag C.H.Beck, München 2014

11. Kommentierung der §§ 5, 7, 8 und 19 GmbH-Gesetz in : Ulmer/Habersack/Löbbe (Hrsg.) Großkommentar GmbH-Gesetz, Band 1 Verlag Mohr Siebeck, Tübingen, 2. Aufl. 2013 (§§ 5, 7, 8 und 19 Abs. 1-3 zusammen mit Peter Ulmer)

12. Kommentierung des § 47 GmbH-Gesetz (inkl. des Beschlussmängelrechts) in : Bork/Schäfer (Hrsg.) GmbH-Gesetz RWS-Verlag, Köln, 2. Aufl. 2012

13. Kommentierung der §§ 675c – 676c BGB (Zahlungsverkehr) in : Münchener Kommentar zum BGB, Bd. 4 Verlag C.H.Beck, München, 6. Aufl. 2012

14. Kommentierung der Art. 1-37 und Art. 61-70 SE-Verordnung sowie Einl. zu § 241 AktG ; § 242 AktG in : Spindler/Stilz (Hrsg.) Aktiengesetz – Kommentar, Bd. 2 Verlag C.H.Beck, München, 2. Auf. 2010

15. Kommentierung der Art. 228, Art. 229 § 22 Abs. 1-2, Art. 248 §§ 1-19 EGBGB (Informationspflichten und Übergangsregelungen im Zahlungsverkehr) in : Münchener Kommentar zum BGB, Bd. 11 Verlag C.H.Beck, München, 5. Aufl. 2010

16. Kommentierung der §§ 5, 7, 8, 19, 55a, 58, 58a, 58f, 60, 64 GmbH-Gesetz in : Ulmer/Habersack/Winter (Hrsg.) Großkommentar GmbH-Gesetz, Ergänzungsband MoMiG Verlag Mohr Siebeck, Tübingen, 2010

17. Kommentierung des § 47 GmbH-Gesetz (inkl. des Beschlussmängelrechts) in : Bork/Schäfer (Hrsg.) GmbH-Gesetz RWS-Verlag, Köln, 2010

18. Kommentierung der AGB-Banken und AGB-Sparkassen in : Derleder/Knops/Bamberger (Hrsg.) Handbuch zum deutschen und europäischen Bankrecht Springer Verlag, Heidelberg, 2. Aufl. 2009

19. Kommentierung der §§ 676a - 676h BGB (Überweisungsrecht, Lastschrift, Kartenzahlungen) in : Münchener Kommentar zum BGB, Bd. 4 Verlag C.H.Beck, München, 5. Aufl. 2008

20. Kommentierung der §§ 58, 58a-f, 60-62, 64, 78 GmbHG und Anh. zu § 77 GmbHG (GmbH-Konzernrecht) in : Ulmer/Habersack/Winter (Hrsg.) Großkommentar GmbH-Gesetz, Bd. 3 Verlag Mohr Siebeck, Tübingen, 2008

21. Kommentierung der §§ 37 b, 37 c WpHG, in : Rimmelspacher/Hess/Reuschle (Hrsg.) Kölner Kommentar zum KapMuG Carl Heymanns Verlag, Köln, 2008

22. Wechsel- und Scheckgesetz, Recht der kartengestützten Zahlungen Fortführung des von Baumbach/Hefermehl begründeten Kommentars Verlag C.H.Beck, München, 23. Aufl. 2008 [Rezensiert von Richardi, NJW 2009, 970]

23. Kommentierung der SE-Verordnung (Artt. 1-70) ; Einl. zu § 241 AktG ; § 242 AktG in : Spindler/Stilz (Hrsg.) Aktiengesetz - Kommentar Verlag C.H.Beck, München, 2007 (Artt. 38-60 SE-VO zusammen mit Friedemann Eberspächer)

24. Stichwort Kapitalmarktrecht in : Köhler/Küpper/Pfingsten (Hrsg.) Handwörterbuch der Betriebswirtschaftslehre Verlag Schäffer-Poeschel, Stuttgart, 6. Aufl. 2007
25. Kommentierung der §§ 676a - 676h BGB (Überweisungsrecht, Kartenzahlungen) in : Münchener Kommentar zum BGB, Bd. 4, Verlag C.H.Beck, München, 4. Aufl. 2005
26. Kommentierung der AGB-Banken und AGB-Sparkassen in : Derleder/Knops/ Bamberger (Hrsg.) Handbuch zum deutschen und europäischen Bankrecht Springer Verlag, Heidelberg 2004

III. Aufsätze, Beiträge in Sammelwerken

1. Zulässigkeit von Bankenentgelten in : Mülbert u.a. (Hrsg.), Bankrechtstag 2017 Verlag Walter de Gruyter, im Erscheinen 2018
2. Islamic Finance made in Germany – a case study on Kuveyt Türk (KT-Bank) – Germanys first Islamic Bank Working Paper, 52 pages, available at https://papers.ssrn.com/sol3/papers.cfm?abstract_id=3077366 zugleich Preprint No. 15. des Centrums für Religion und Moderne (http://www.uni-muenster.de/Religion-und-Moderne/aktuelles/forschung/publikationen/preprints/index.html) (together with Asma Ait Allali)
3. Collective Action and Private Enforcement under the German KapMuG - A Comparative Evaluation in : Veil (ed.), Foreign Investments on Chinese Capital Markets - Developments and enforcement-concepts from a Chinese and German comparative perspective Schriftenreihe der Bucerius Law School, 2017, p. 93-117 (together with Anne Gläßner and Manuel Gietzelt)
4. Der Bankier in Art. 54 SchG – ein überholtes Relikt aus einer anderen Zeit? ZBB 2017, 170-178
5. Corporate Governance and Corporate Compliance in : du Plessis/Großfeld/Luttermann/Saenger/Sandrock/Casper German Corporate Governance in International and European Context Springer, 3rd ed. 2017. p. 477-516
6. Einflüsse der katholischen Soziallehre auf das Aktienrecht am Beispiel von zwei Schlaglichtern in : Siekmann u.a. (Hrsg.), Festschrift für Theodor Baums Mohr Siebeck, 2017, S. 193-213
7. Delisting Rules in the Context of Corporate Governance : Can the Protection of Shareholders Be Effected by a Competition of Listing Rules or Are State-Made Provisions Required? in : du Plessis/Low (ed.), Corporate Governance Codes for the 21st Century. International Perspectives and Critical Analyses Springer 2017, p. 209-230 (together with Niklas Gasse)
8. Die Reichweite des Informationsrechts des Kommanditisten NZG 2016, 1324-1330 (zusammen mit Kerstin Selbach)
9. Oswald von Nell-Breuning, S.J. : Die Aktienreform und Moral (1930) – ein kapitalis-

muskritischer Zwischenruf eines juristischen Außenseiters? in : Casper/Gabriel/ Reuter (Hrsg.), Kapitalismuskritik im Christentum – Positionen und Diskurse in der Weimarer Republik und der frühen Bundesrepublik Campus-Verlag 2016, S. 142-167

10. Was bleibt von der christlichen Kapitalismuskritik? – eine zusammenfassende Spurenlese in : Casper/Gabriel/Reuter (Hrsg.), Kapitalismuskritik im Christentum – Positionen und Diskurse in der Weimarer Republik und der frühen Bundesrepublik Campus-Verlag 2016, S. 404-431

11. Islamic Banking im Spannungsfeld von staatlicher und nicht-staatlicher Aufsicht, in : Hunger/Schröder (Hrsg.), Staat und Islam – Interdisziplinäre Perspektiven Springer VS 2016, Reihe Islam und Politik (hsrg. von Klaus Schubert) S. 91-129

12. Delisting – das Ende einer unendlichen Geschichte? Casper/Klöhn/Roth/Schmies, Festschrift für Johannes Köndgen, RWS-Verlag, 2016, S. 117-148

13. Die Haftung für masseschmälernde Zahlungen nach § 64 Satz 1 GmbHG : Hat der BGH den Stein der Weisen gefunden? ZIP 2016, 793-803

14. Islamische Aktienfonds – Risikoverteilung und Änderungen durch das neue KAGB, in : Kozali/Salama/Thabti (Hrsg.), Das islamisches Wirtschaftsrecht Peter Lang Verlag, 2016, S. 129-151

15. Das Kleinanlegerschutzgesetz – zwischen berechtigtem und übertriebenem Paternalismus ZBB 2015, 265-282

16. Zulässigkeit von Bearbeitungsentgelten bei gewerblichen Darlehensverträgen WM 2015, 1689-1699 (zusammen mit Caroline Möllers)

17. Three Topics at the Periphery of Corporate Governance : Business Rescues and Wrongful Trading, Supervisory Law for Financial Institutions and the Perspective on Islamic Financial Institutions EBLR 2015, 203-227

18. Die Investmentkommanditgesellschaft : große Schwester der Publikums-KG oder Kuckuckskind? ZHR 179 (2015), 44-82

19. Wiederauffüllung von Genusskapital auch bei Verlustvortrag! ZIP 2015, 201-209

20. Sharia Boards and Sharia Compliance in the context of European Corporate Governance in : Blaurock (Hrsg.), The Influence of Islam on Banking and Finance, Schriftenreihe der Ernst von Caemmerer-Stiftung, 2014, S. 41-58 *Zugleich : Preprints and Working Papers of the Center for Religion and Modernity,* verfügbar unter : http:// ssrn.com/abstract=2179412 (Dezember 2012)

21. Die Einheits-GmbH & Co. KG – Allheilmittel zur Lösung von Verzahnungsproblemen oder Abbild eines Schlangenmenschen? Festschrift für Eberhard Stilz Verlag C.H.Beck, 2014, S. 111-124

22. Ein Friese in Münster : Harry Westermann (1909-1986) in : Hoeren (Hrsg.), Münsteraner Juraprofessoren Aschendorff Verlag Münster, 2014, sowie 2. Aufl. 2015, S. 162-200

23. Kennt der Darlehensvertrag nur Zinsen? – Überlegungen anlässlich der aktuellen

Debatte um die AGB-rechtliche Zulässigkeit von Bearbeitungsentgelten BKR 2014, 59-69 (zusammen mit Caroline Möllers)
24. Das aktienrechtliche Zinsverbot – eine Spurensuche in : Casper/Wittreck/Oberauer (Hrsg.), Was vom Wucher übrigbleibt – Zinsverbote im historischen und interkulturellen Vergleich Mohr Siebeck, 2014, S. 75-94
25. Information und Vertraulichkeit im Vorfeld von Unternehmensübernahmen – Rechtspolitische Überlegungen –, in : Veil/Kämmerer (Hrsg.), Übernahme- und Kapitalmarktrecht in der Reformdiskussion Mohr Siebeck, 2013, S. 203-227
26. Hat die grundsätzliche Verfolgungspflicht des Aufsichtsrats im Sinne des ARAG/Garmenbeck-Urteils ausgedient? ZHR 176 (2012), 617-651
27. Islamic Finance – ein sicherer Hafen? Corporate Finance Law 2012, 170-177
28. Genussscheine von Banken nach einer Konzernierung des Emittenten ZIP 2012, 497-504
29. Liability of Asset Managers – Germany in : Bush/Demott (ed.) International Working Group on Liability of Asset Managers Oxford University Press, 2012, pp. 95-133 (together with Christian Altgen)
30. Corporate Governance and Corporate Compliance in : du Plessis/Großfeld/Luttermann/Saenger/Sandrock/Casper German Corporate Governance in International and European Context Springer, 2nd ed. 2012. p. 359-397
31. Whistleblowing zwischen Denunziantentum und integralem Baustein von Compliance-Systemen in : Hoffmann-Becking/Hüffer/Reichert (Hrsg.) Liber amicorum für Martin Winter Verlag Dr. Otto Schmidt, 2011, S. 77-98
32. Normgeltung und Normumgehung - Vom Zinsverbot zum Islamic Finance - in : Jansen/Oestmann (Hrsg.) Gewohnheit, Gebot, Gesetz - Zur Entstehung von Normen in Geschichte und Gegenwart Verlag Mohr Siebeck, 2011, S. 301-328
33. Register statt Papier? – ist der Übergang von Wertpapieren zu Bucheffekten möglich? in : Leible/Lehmann/Zech (Hrsg.) Unkörperliche Güter im Zivilrecht Verlag Mohr Siebeck, 2011, S. 173-199
34. The Significance of the Law of Tort with the Example of the civil Liability for erroneous ad hoc Disclosure in : Reiner Schulze (ed.) Compensation of Private Losses - The Evolution of Torts in European Business Law Sellier. european law publishers, 2011, S. 91-114
35. Islamisches und ethisches Wirtschaftsrecht – Risikoverteilung bei fehlender Vereinbarkeit mit den religiösen oder ethischen Vorgaben Die Rechtswissenschaft 2011, 251-274
36. Die Anwendbarkeit der Business Judgment Rule bei Landesbanken in : Habersack/Hommelhoff (Hrsg.) Festschrift für Wulf Goette Verlag C.H.Beck, 2011, S. 29-42
37. Islamische Aktienfonds – eine kapitalmarktrechtliche Herausforderung? in : Burgard/Hadding/Mülbert/Nietsch/Welter Festschrift für Uwe H. Schneider

Verlag Dr. Otto Schmidt, 2011, S. 229-246
38. Islamische Finanztransaktionen ohne Erlaubnis nach dem KWG? ZBB 2010, 345-362
39. Sharia Boards and Corporate Governance in: Festschrift für Klaus Hopt Verlag Walter de Gruyter, 2010, S. 457-477
40. Aufklärung über Rückvergütungen zwischen Rechtsfortbildung und Rechtsirrtum ZIP 2009, 2409-2418
41. Missbrauch der Kreditkarte im Präsenz- und Mail-Order-Verfahren nach neuem Recht WM 2009, 2343-2350 (zusammen mit Theresa Pfeifle, Münster)
42. Der stimmlose Beschluss in: Festschrift für Uwe Hüffer Verlag C.H.Beck, 2009, S. 111-121
43. Mobilität und grenzüberschreitende Umstrukturierung der SE NZG 2009, 681-686 (zusammen mit Marc-Philippe Weller, Mannheim)
44. Rechtliche Grundlagen und aktuelle Entwicklungen der Compliance am Beispiel des Kapitalmarktrechts in: Bankrechtliche Vereinigung (Hrsg.) Bankrechtstag 2008 Verlag Walter de Gruyter, Berlin, 2009, S. 139-177
45. Erfahrungen und Reformbedarf bei der SE - Gesellschaftsrechtliche Reformvorschläge ZHR 172 (2009), 181-221
46. Die Haftung für Insolvenzverschleppung und -verursachung des Geschäftsführers und des Gesellschafters in: Goette/Habersack (Hrsg.) Das MoMiG in Wissenschaft und Praxis RWS-Verlag, Köln, 2009, S. 187-231
47. Die fehlgeleitete Überweisung infolge falscher Kontonummer in: Festschrift für Gerd Nobbe RWS-Verlag, Köln, 2009, S. 3-25
48. Der Compliancebeauftragte – unternehmensinternes Aktienamt, Unternehmensbeauftragter oder einfacher Angestellter? in: Festschrift für Karsten Schmidt Verlag Dr. Otto Schmidt, 2009, S. 199-216
49. Rating als Alternative zur staatlichen Aufsicht von Hedgefonds?, in: Leible/Lehmann (Hrsg.) Hedgefonds und Private Equity – Fluch oder Segen? JWV Jenaer Wissenschaftliche Verlagsgesellschaft, 2009, S. 161-178
50. Gesellschaftsvertragliche Abfindungsklauseln – Auswirkungen der Erbschaftssteuerreform Deutsches Steuerrecht (DStR) 2008, 2319-2326 (zusammen mit Christian Altgen)
51. Liability of the managing director and the shareholder in the GmbH (Private Limited Company) in crisis German Law Journal Vol. 9 (2008), No. 9 (page 1125-1140)
52. Informationsrechte der Aktionäre in: Bayer/Habersack (Hrsg.) Aktienrecht im Wandel der Zeit, Band 2 Verlag Mohr Siebeck, 2007, S. 546-578
53. Haftungsrechtliche Anreizstrukturen der Insolvenzverschleppungshaftung in: Bachmann/Casper/Schäfer/Veil (Hrsg.) Steuerungsfunktionen des Haftungsrecht Nomos-Verlag, 2007, S. 33-52

54. Die Vor-SE – nationale oder europäische Vorgesellschaft? Der Konzern 2007, 244-251
55. Zinsanpassungsklauseln nach Basel II in : Pfingsten (Hrsg.), Aktuelle Herausforderungen des Bankmanagements - Münsteraner Bankentage 2006, Fritz Knapp Verlag, Frankfurt, 2007, S. 33-43
56. Die Vorrats-SE – Zulässigkeit und wirtschaftliche Neugründung ZIP 2007, 653-662 (zusammen mit Carsten Schäfer, Mannheim)
57. Numerus Clausus und Mehrstaatlichkeitserfordernis bei der SE-Gründung Die AG 2007, 97-105
58. Haftung für fehlerhafte Informationen des Kapitalmarktes Der Konzern 2006, 32-39
59. Abstimmung bei der Wahl des Aufsichtsrats : Ein Fall für ein Pflichtangebot? NZG 2005, 839-841 (zusammen mit Hannes Bracht, Münster)
60. Acting in Concert - Reformbedürftigkeit eines neuen kapitalmarktrechtlichen Zurechnungstatbestandes? in : Veil/Drinkuth (Hrsg.) Reformbedarf im Übernahmerecht Carl Heymanns Verlag, 2005, S. 45-58
61. Persönliche Außenhaftung der Organe bei fehlerhafter Information des Kapitalmarkts? BKR 2005, 83-90
62. Repricing von Stock Options - Aktienrechtliche Zulässigkeit bei Nichtbefolgung von Ziff. 4.2.3 Abs. 2 Satz 3 Deutscher Corporate Governance Kodex (DCGK) DStR 2004, 1391-1395
63. Die Haftung eines Vorstands einer italienischen Aktiengesellschaft nach neuem Recht RIW 2004, 428-434 (zusammen mit Jürgen Reiß, Karlsruhe)
64. Neuere Entwicklungen im Recht des Zahlungsverkehrs, insbesondere im Überweisungsrecht in : Institut für Bankrecht und Bankwirtschaft an der Universität Rostock e. V. (Hrsg.) Aktuelle Entwicklungen in Bankrecht und Bankwirtschaft - 9. Rostocker Bankentag Rostock, 2004, S. 59-88
65. Acting in Concert - Grundlagen eines neuen kapitalmarktrechtlichen Zurechnungstatbestandes ZIP 2003, 1469-1477
66. Das neue Recht der Termingeschäfte WM 2003, 161-168
67. Der Lückenschluss im Statut der Europäischen Aktiengesellschaft in : Habersack/ Hommelhoff/Hüffer/K. Schmidt (Hrsg.) Festschrift für Peter Ulmer Verlag Walter de Gruyter, 2003, S. 51-72
68. Die wettbewerbsrechtliche Begründung von Zwangslizenzen ZHR 166 (2002), 685-707
69. Geschäfte des täglichen Lebens - kritische Anmerkungen zum neuen § 105a BGB NJW 2002, 3425-3430
70. Die Zusendung unbestellter Waren nach § 241a BGB ZIP 2000, 1602-1609
71. Die geplante Neuregelung der Nachgründungsvorschriften durch das NaStraG Steuer und Bilanzen 2000, 538-539

72. Zur Reichweite des Sanierungsprivilegs in § 32a Abs. 3 S. 3 GmbHG GmbHR 2000, 472-481 (zusammen mit Kristin Ullrich)
73. Mediation von Beschlußmängelstreitigkeiten ZIP 2000, 437-446 (zusammen mit Jörg Risse)
74. Die Haftungsordnung der §§ 25, 28 HGB im Lichte der Handelsrechtsreform in: Tradition und Fortschritt im Recht Jahrbuch Junger Zivilrechtswissenschaftler 1999 Boorberg Verlag, 2000, S. 153-176
75. Das Anfechtungsklageerfordernis im GmbH-Beschlußmängelrecht ZHR 163 (1999), 54-86
76. Insiderverstöße bei Aktienoptionsprogrammen WM 1999, 363-370
77. Vorformulierte Verzugszinspauschalierung durch Diskontsatzverweis NJW 1997, 240-241
78. Interprofessionelle Sozietäten von Anwaltsnotaren ZIP 1996, 1501-1507

IV. Urteilsanmerkungen

1. Anmerkung zum Urteil des BGH v. 19.01.2016 – XI ZR 388/14 (Unwirksamkeit der Berechnung einer Klausel zur Vorfälligkeitsentschädigung ohne Berücksichtigung von Sondertilgungsrechten) in: EWiR 2016, 259-260 (zusammen mit Christopher Danwerth)
2. Anmerkung zum Urteil des BGH v. 02.06.2015 – XI ZR 327/14 (Keine Zurechenbarkeit eines Zahlungsauftrags nach widerrufener Kontovollmacht) in: EWiR 2015, 529-530 (zusammen mit Christopher Danwerth)
3. Anmerkung zum Urteil des BGH v. 13.05.2014 - XI ZR 405/12 (Zur Unwirksamkeit von Bearbeitungsentgelten in Verbraucherdarlehensverträgen) in: EWiR 2014, 437-438
4. Anmerkung zu BGH v. 20.05.2010 - Xa ZR 68/09 (Ausschluss der Möglichkeit zur Barzahlung?) in: WuB IV D. § 307 BGB 1.10 (zusammen mit Theresa Pfeifle)
5. Anmerkung zu BGH v. 10.6.2008 - IX ZR 283/07 (Die Lastschrift in der Insolvenz) in: LMK 2008, 269900 (zusammen mit Nils Rümpker)
6. Anmerkung zu OLG Frankfurt v. 17.6.2007, WM 2007, 1704 (Nichtigkeit von Hauptversammlungsbeschlüssen) in: WuB II. A. § 241 AktG 1.08, 191-193 (zusammen mit Friedemann Eberspächer)
7. Agreements on voting conduct in the election of the supervisory board (*Aufsichtsrat*) – a case for a mandatory offer? Case Note – The Ruling of the Regional Appellate Court Munich (OLG München) of 27 April 2005 – 7 U 2794/04, ZIP 2005, 856 in: German Law Journal, Vol. 6 (2005), No. 12 (zusammen mit Sebastian Barry und Hannes Bracht)
8. The Pixelpark-Ruling of the Regional Appellate Court Frankfurt (OLG Frankfurt) of June 25 2004: The first decision on "Acting in Concert" and its expected effects on

German Takeover Law in : German Law Journal, Vol. 5 (2004), No. 8
9. Die Haftung des Discountbrokers : Anmerkung zu BGH, Urteil vom 11.11.2003 – Consors in : GPR 2004, 156-158
10. Haftung des GbR-Gesellschafters für Altverbindlichkeiten und deliktische Verbindlichkeiten - BGH, NJW 2003, 1803 in : Jura 2003, 770-773 (zusammen mit Friedemann Eberspächer)
11. Anmerkung zu OLG Stuttgart v. 13.6.01, WM 2002, 1060 (Keine besondere Rechtfertigung für den mit einem Aktienoptionsprogramm verbundenen Eingriff in das Mitgliedschaftsrecht des Aktionärs) in : WuB II. A. § 192 AktG 1.03, S. 65-68
12. Urteilsanmerkung zu BGH v. 21.1.2002, JZ 2002, 1110 (Haftungsverfassung in der atypischen Gesellschaft bürgerlichen Rechts) in : JZ 2002, 1112-1114
13. Kurzkommentar zu BGH v. 19.6.2000, ZIP 2000, 1294 (Heilung nichtiger Bestandteile in der ursprünglichen Satzung) in : EWiR 2000, 943-944 (§ 242 AktG 1/2000)
14. BB-Kommentar zu BGH v. 7.6.1999, BB 1999, 1835 (Geltendmachung der Unwirksamkeit von Gesellschafterbeschlüssen in der Publikums-KG) in : BB 1999, 1837-1838
15. BB-Kommentar zu BGH v. 21.4.1999, BB 1998, 1175 (Anwendbarkeit des VerbrKrG auf Bürgschaften) in : BB 1998, 1227-1228
16. Kurzkommentar zu BGH ZIP 1996, 1789 und BVerfG ZIP 1997, 117 in : EWiR 1996, 931-932 (§ 59a BRAO 1/96)

V. Rezensionen

1. Rezension von Assmann/U. H. Schneider, WpHG – Kommentar, 6. Aufl. 2012 in : WM 2013, 1047-1048
2. Rezension von Seibt (Hrsg.), Beck'sches Formularbuch Mergers & Acquisitions in : Die AG 2013, 179-180
3. Rezension von Kümpel/Wittig (Hrsg.), Bank- und Kapitalmarktrecht, 4. Aufl. 2011 in : Die AG 2011, 923-924
4. Rezension von Katrin Liebner, Wucher und Staat, 2010 in : ZNR 2011, 97-98
5. Rezension von Bunte, AGB-Banken und Sonderbedingungen, Kommentar, 2007 in : Verbraucher und Recht (VuR) 2007, 399-400
6. Rezension von Gyulai-Schmidt, Harmonisierung des ungarischen Gesellschaftsrechts mit dem Recht der Europäischen Union, 2004 in : RabelsZ 2007, 207-214 (zusammen mit Péter Nikolicza, Budapest)
7. Rezension von Lutter (Hrsg.), Kommentar zum Umwandlungsgesetz, 3. Aufl. 2004 in : AG 2006, 211
8. Rezension von Langenbucher/Gößmann/Werner, Zahlungsverkehr – Handbuch zum Recht der Überweisung, Lastschrift, Kreditkarte und der elektronischen Zahlungsformen, 2004 in : BKR 2004, 463-464

9. German capital market law - a permanent reform Review Essay to : Markus Lenenbach, Kapitalmarkt- und Börsenrecht, RWS Verlag, Cologne 2002 in : German Law Journal, Vol. 5 (2004) No. 4
10. Rezension von K. Schmidt, Handelsrecht, 5. Aufl. 1999 in : Jura 2001, 504
11. Rezension von Henze, Aktienrecht - Höchstrichterliche Rechtsprechung zum Aktienrecht, 4. Aufl. 2000 in : WM 2000, 1819-1820
12. Rezension von Hüffer, Gesellschaftsrecht, 5. Aufl. 1998 in : Jura 2000, 54
13. Rezension von Boin, Die Partnerschaftsgesellschaft für Rechtsanwälte, 1996 in : ZHR 160 (1996), 683-688

VI. Ausbildungsliteratur

1. Wider der bleiernen Litanei vom flauen und unpädagogischen Juraprof – eine Erwiderung zu Bernhard Bleifuß – in : Ad Legendum 2015, 365-368
2. Krisenverantwortung des Geschäftsführers und des Gesellschafters in der GmbH, in : Ad Legendum (Die Ausbildungszeitschrift aus Münsters Juridicum) 3/2008, S. 145-151
3. Gesellschaftsrecht case by case (Fallbuch) Hrsg. zusammen mit Ulrich Noack und Carsten Schäfer Bearbeitung von 9 Fällen zum Kapitalgesellschafts- und Kapitalmarktrecht sowie zum Europäischen Gesellschaftsrecht UTB/Verlag Recht und Wirtschaft, Frankfurt, 2006
4. Anwaltskanzlei mit Haftungsfallen (Fallbearbeitung zum Personengesellschaftsrecht) in : Ad Legendum (Die Ausbildungszeitschrift aus Münsters Juridicum) 2005, 25-30 (zusammen mit Friedemann Eberspächer)
5. Klausur im Zivilrecht : Bürgschaft und Schuldbeitritt zum gestörten Finanzierungsleasingvertrag in : Jura 1999, 528-533
6. Der praktische Fall - Bürgerliches Recht : Das bösgläubige Organ in : JuS 1998, 910-915

VII. Diskussionsberichte, Varia

1. Stichwort Harry Westermann in : Neue Deutsche Biographie (NDB), Band 27 Duncker & Humblot, im Erscheinen Herbst 2017
2. Laudatio anlässlich des Symposiums zum 80. Geburtstag von Prof. Dr. Wilfried Schlüter am 7.2.2015 im Karl-Bender-Saal in : Schlaglichter der Rechtswissenschaftlichen Fakultät der WWU 2015, S. 78-87
3. Pflichtausschüsse im Aufsichtsrat mit Letztentscheidungskompetenz : Wird der Gesamtaufsichtsrat bald überflüssig? in : KPMG (Hrsg.), Audit Committee Quarterly - Das Magazin für Corporate Governance, II/2015, S. 36-37
4. Auf der Überholspur : Verdrängen Aufsichtsrats-Ausschüsse bei Banken den Aufsichtsrat? in : BB 2014, Heft 47, Seite I

5. Kein Aus für die Schwarmfinanzierung – Das geplante Kleinanlegerschutzgesetz wird das Crowdinvesting nicht erdrosseln in : F.A.Z. Nr. 198 vom 27. August 2014
6. Arbeitskreis Aktien- und Kapitalmarktrecht (AAK) Vorschläge zur Reform der Mitbestimmung in der Societas Europaea (SE) - ergänzende Stellungnahme in : ZIP 2011, 1841-1848 (Mitautor)
7. Die Regulierung des Grauen Kapitalmarktes – Zu Risiken und Nebenwirkungen... in : BB 2011, Heft 20, Seite I
8. Eine Bankenaufsicht durch „Scharia-Räte" reicht nicht in : F.A.Z. Nr. 51 vom 2. März 2011, S. 21
9. Arbeitskreis Europäisches Unternehmensrecht Thesen zum Erlass einer Europäischen Sitzverlegungsrichtlinie in : NZG 2011, 98-99 (Mitautor und Berichterstatter)
10. Auf einen Espresso : Gelungene oder unvermeidbare Rezeptionen im Bank- und Kapitalmarktrecht in fünf Minuten - Diskussionsbericht zum Referat von Klaus-Peter Berger - in : Ebke/Elsing/Großfeld/Kühne (Hrsg.), Das deutsche Wirtschaftsrecht unter dem Einfluss des US-amerikanischen Rechts [Festgabe für Otto Sandrock zum 80. Geburtstag] Verlag C. F. Müller Heidelberg, 2011, S. 91-100
11. Arbeitskreis Aktien- und Kapitalmarktrecht (AAK) Vorschläge zur Reform der Mitbestimmung in der Societas Europaea (SE) in : ZIP 2010, 2221-2228 (Mitautor)
12. Kapitalmarktrecht : Reform in Permanenz - oder : zwischen Apollo 11 und dem kleinen Häwelmann : wohin geht die Reise? (Editorial) in : Ad Legendum (Die Ausbildungszeitschrift aus Münsters Juridicum) 2010, S. 1-2
13. Private Equity und Hedgefonds – Welche Regulierungsmaßnahmen sind zu erwarten? in : Status:Recht 6/2009, S. 143-144
14. Arbeitskreis Aktien- und Kapitalmarktrecht (AAK) Die 8 wichtigsten Änderungsvorschläge zur SE-VO in : ZIP 2009, 698-699 (Mitautor) englische Fassung in : European Business Organization Law Review (EBOR) 10 (2009), 285-289
15. Erbschaftssteuerreform und Abfindungsklauseln in Gesellschaftsverträgen in : Status : Recht 3/2009, S. 78
16. Arbeitskreis Europäisches Unternehmensrecht : Thesen zum Vorschlag einer Europäischen Privatgesellschaft (SPE) in : NZG 2008, 897-901 (Mitwirkung als Berichterstatter)
17. Risikobegrenzungsgesetz - Von Heuschrecken und Häuslebauern, in : BB 2008, Heft 36, Erote Soite
18. Diskussionsbericht zu den Referaten von Habersack und Riegger (Aktienrecht und Internet) in : ZHR 165 (2001), 219-223
19. Haftung in unechter Vor-GmbH unklar in : F.A.Z. Nr. 50 v. 28.2.2001, S. 29
20. Rechtliche Anforderungen an die Anwalts-AG noch unklar in : F.A.Z. Nr. 114 v. 17.5.2000, S. 30
21. Regeln zur Namensaktie sind nicht zeitgemäß in : F.A.Z. Nr. 210 v. 10.9.1999, S. 23

22. Bedarf die Societas Europaea (Europäische AG) einer umfassenden Kodifikation? in: Hanns Martin Schleyer-Stiftung (Hrsg.) Europa als Union des Rechts - Eine notwendige Zwischenbilanz im Prozeß der Vertiefung und Erweiterung, Ein Almanach junger Wissenschaftler, 1999, S. 54-55
23. Mißbrauch der Ad-hoc-Meldungen steigt in: F.A.Z. Nr. 116 v. 21.5.1999, S. 22
24. Diskussionsbericht zu den Referaten von Ihrig und Tries in: Habersack/Koch/Winter (Hrsg.), Die Spaltung im neuen Umwandlungsrecht und ihre Rechtsfolgen (ZHR-Beiheft Nr. 68), 1998, S. 77-78
25. Eine Europa-GmbH bietet wirtschaftliche Chancen für den Mittelstand in: Blick durch die Wirtschaft v. 30.4.1998, S. 5
26. Diskussionsbericht zu den Referaten von Hommelhoff und Ihrig/Schlitt in: Ulmer (Hrsg.), Die GmbH & Co. KGaA (ZHR-Beiheft Nr. 67), 1998, S. 85-89 (zusammen mit Carsten Schäfer)
27. Bundesgerichtshof verhandelt zum Verbraucherkreditgesetz in: Blick durch die Wirtschaft v. 19.3.1998, S. 5
28. Diskussionsbericht zu den Referaten von Lutter und Henze (Aktuelle Entwicklungen im Recht der Treupflicht) in: ZHR 162 (1998), 197-200
29. Diskussionsbericht zu den Referaten von Hüffer, Kohler und Feddersen (Aktienoptionsprogramme für Führungskräfte) in: ZHR 161 (1997), 300-304

原著者略歴

Mattias Casper（マティアス・カスパー）
- 1965 年　生まれ
- 1998 年　Promotion (Uni. Heidelberg)
- 2002 年　Habilitation (Uni. Heidelberg)
- 2003 年　ミュンスター大学教授（現在に至る）

編訳者略歴

小宮靖毅（こみや やすたけ）
- 1969 年　東京都生まれ
- 1998 年　中央大学大学院法学研究科博士課程後期課程退学
- 現　在　中央大学教授
- 主論文

「覚書・事業の公共性に応える会社法──医療を事業とする株式会社を想定して──」『法学新報』121 巻 7・8 号（2014 年）、「起業の盛んな国とベンチャービジネス振興」『法学新報』123 巻 5・6 号（2016 年）ほか

訳者略歴

山内惟介（やまうち これすけ）
- 1946 年　香川県生まれ
- 1973 年　中央大学大学院法学研究科修士課程修了
- 現　在　中央大学名誉教授
- 主論文

「EU 国際私法における倒産会社取締役の損害賠償責任（一）、（二・完）」『法学新報』122 巻 9・10 号（2016 年）および 11・12 号（2016 年）、「伝統的法律学に未来はあるか？」『法学新報』124 巻 9・10 号（2018 年）ほか

マティアス・カスパー教授講演集
コーポレート・ガバナンス、その現下の課題

日本比較法研究所翻訳叢書 (81)

2018 年 11 月 21 日　初版第 1 刷発行

編訳者　小　宮　靖　毅
発行者　間　島　進　吾

発行所　中央大学出版部
〒192-0393
東京都八王子市東中野 742-1
電話 042 (674) 2351・FAX 042 (674) 2354
http://www.2.chuo-u.ac.jp/up/

©2018　Yasutake Komiya　ISBN 978-4-8057-0382-3　　株式会社 千秋社

本書の無断複写は、著作権法上での例外を除き、禁じられています。
複写される場合は、その都度、当発行所の許諾を得てください。

日本比較法研究所翻訳叢書

0	杉山直治郎訳	仏蘭西法諺	B6判 (品切)
1	F. H. ローソン 小堀憲助他訳	イギリス法の合理性	A5判 1200円
2	B. N. カドーゾ 守屋善輝訳	法の成長	B5判 (品切)
3	B. N. カドーゾ 守屋善輝訳	司法過程の性質	B6判
4	B. N. カドーゾ 守屋善輝訳	法律学上の矛盾対立	B6判 700円
5	P. ヴィノグラドフ 矢田一男他訳	中世ヨーロッパにおけるローマ法	A5判 (品切)
6	R. E. メガリ 金子文六他訳	イギリスの弁護士・裁判官	A5判 1200円
7	K. ラーレンツ 神田博司他訳	行為基礎と契約の履行	A5判 (品切)
8	F. H. ローソン 小堀憲助他訳	英米法とヨーロッパ大陸法	A5判 (品切)
9	I. ジュニングス 柳沢義男他訳	イギリス地方行政法原理	A5判 (品切)
10	守屋善輝編	英米法諺	B6判 3000円
11	G. ボーリー他 新井正男他訳	〔新版〕消費者保護	A5判 2800円
12	A. Z. ヤマニー 真田芳憲訳	イスラーム法と現代の諸問題	B6判 900円
13	ワインスタイン 小島武司編訳	裁判所規則制定過程の改革	A5判 1500円
14	カペレッティ編 小島武司編訳	裁判・紛争処理の比較研究(上)	A5判 2200円
15	カペレッティ 小島武司他訳	手続保障の比較法的研究	A5判 1600円
16	J. M. ホールデン 高窪利一監訳	英国流通証券法史論	A5判 4500円
17	ゴールドシュティン 渥美東洋監訳	控えめな裁判所	A5判 1200円

日本比較法研究所翻訳叢書

18	カペレッティ編 小島武司編訳	裁判・紛争処理の比較研究(下)	A5判 2600円
19	ドゥローブニク他編 真田芳憲他訳	法社会学と比較法	A5判 3000円
20	カペレッティ編 小島・谷口編訳	正義へのアクセスと福祉国家	A5判 4500円
21	P.アーレンス編 小島武司編訳	西独民事訴訟法の現在	A5判 2900円
22	D.ヘーンリッヒ編 桑田三郎編訳	西ドイツ比較法学の諸問題	A5判 4800円
23	P.ギレス編 小島武司編訳	西独訴訟制度の課題	A5判 4200円
24	M.アサド 真田芳憲訳	イスラームの国家と統治の原則	A5判 1942円
25	A.M.プラット 藤本・河合訳	児童救済運動	A5判 2427円
26	M.ローゼンバーグ 小島・大村編訳	民事司法の展望	A5判 2233円
27	B.グロスフェルト 山内惟介訳	国際企業法の諸相	A5判 4000円
28	H.U.エーリヒゼン 中西又三編訳	西ドイツにおける自治団体	A5判 (品切)
29	P.シュロッサー 小島武司編訳	国際民事訴訟の法理	A5判 (品切)
30	P.シュロッサー他 小島武司編訳	各国仲裁の法とプラクティス	A5判 1500円
31	P.シュロッサー 小島武司編訳	国際仲裁の法理	A5判 1400円
32	張晋藩 真田芳憲監修	中国法制史(上)	A5判 (品切)
33	W.M.フライエンフェルス 田村五郎編訳	ドイツ現代家族法	A5判 (品切)
34	K.F.クロイツァー 山内惟介監修	国際私法・比較法論集	A5判 3500円
35	張晋藩 真田芳憲監修	中国法制史(下)	A5判 3900円

日本比較法研究所翻訳叢書

	著者・訳者	書名	判型・価格
36	G. レジエ他／山野目章夫他訳	フランス私法講演集	A5判 1500円
37	G. C. ハザード他／小島武司編訳	民事司法の国際動向	A5判 1800円
38	オトー・ザンドロック／丸山秀平編訳	国際契約法の諸問題	A5判 1400円
39	E. シャーマン／大村雅彦編訳	ADRと民事訴訟	A5判 1300円
40	ルイ・ファボルー他／植野妙実子編訳	フランス公法講演集	A5判 3000円
41	S. ウォーカー／藤本哲也監訳	民衆司法——アメリカ刑事司法の歴史	A5判 4000円
42	ウルリッヒ・フーバー他／吉田豊・勢子訳	ドイツ不法行為法論文集	A5判 7300円
43	スティーヴン・L. ペパー／住吉博編訳	道徳を超えたところにある法律家の役割	A5判 4000円
44	W. マイケル・リースマン他／宮野洋一他訳	国家の非公然活動と国際法	A5判 3600円
45	ハインツ・D. アスマン／丸山秀平編訳	ドイツ資本市場法の諸問題	A5判 1900円
46	デイヴィド・ルーバン／住吉博編訳	法律家倫理と良き判断力	A5判 6000円
47	D. H. ショイイング／石川敏行監訳	ヨーロッパ法への道	A5判 3000円
48	ヴェルナー・F. エブケ／山内惟介編訳	経済統合・国際企業法・法の調整	A5判 2700円
49	トビアス・ヘルムス／野沢・遠藤訳	生物学的出自と親子法	A5判 3700円
50	ハインリッヒ・デルナー／野沢・山内編訳	ドイツ民法・国際私法論集	A5判 2300円
51	フリッツ・シュルツ／眞田芳憲・森光訳	ローマ法の原理	A5判 (品切)
52	シュテファン・カーデルバッハ／山内惟介編訳	国際法・ヨーロッパ公法の現状と課題	A5判 1900円
53	ペーター・ギレス／小島武司編	民事司法システムの将来	A5判 2600円

日本比較法研究所翻訳叢書

54	インゴ・ゼンガー 古積・山内編訳	ドイツ・ヨーロッパ民事法の今日的諸問題	A5判 2400円
55	ディルク・エーラース 山内・石川・工藤編訳	ヨーロッパ・ドイツ行政法の諸問題	A5判 2500円
56	コルデュラ・シュトゥンプ 楢﨑・山内編訳	変革期ドイツ私法の基盤的枠組み	A5判 3200円
57	ルードフ・V・イェーリング 眞田・矢澤訳	法学における冗談と真面目	A5判 5400円
58	ハロルド・J・バーマン 宮島直機訳	法 と 革 命 Ⅱ	A5判 7500円
59	ロバート・J・ケリー 藤本哲也監訳	アメリカ合衆国における組織犯罪百科事典	A5判 7400円
60	ハロルド・J・バーマン 宮島直機訳	法 と 革 命 Ⅰ	A5判 8800円
61	ハンヅ・D・ヤラス 松原光宏編	現代ドイツ・ヨーロッパ基本権論	A5判 2500円
62	ヘルムート・ハインリッヒス他 森 勇訳	ユダヤ出自のドイツ法律家	A5判 13000円
63	ヴィンフリート・ハッセマー 堀内捷三監訳	刑罰はなぜ必要か 最終弁論	A5判 3400円
64	ウィリアム・M・サリバン他 柏木昇他訳	アメリカの法曹教育	A5判 3600円
65	インゴ・ゼンガー 山内・鈴木編訳	ドイツ・ヨーロッパ・国際経済法論集	A5判 2400円
66	マジード・ハッドゥーリー 眞田芳憲訳	イスラーム国際法 シャイバーニーのスィヤル	A5判 5900円
67	ルドルフ・シュトラインツ 新井誠訳	ドイツ法秩序の欧州化	A5判 4400円
68	ソーニャ・ロートエルメル 只木誠監訳	承諾，拒否権，共同決定	A5判 4800円
69	ペーター・ヘーベルレ 畑尻・土屋編訳	多元主義における憲法裁判	A5判 5200円
70	マルティン・シャウアー 奥田安弘訳	中東欧地域における私法の根源と近年の変革	A5判 2400円
71	ペーター・ゴットバルト 二羽和彦編訳	ドイツ・ヨーロッパ民事手続法の現在	A5判 2500円

日本比較法研究所翻訳叢書

72	ケネス・R.ファインバーグ 伊藤壽英訳	大惨事後の経済的困窮と公正な補償	A5判 2600円
73	ルイ・ファヴォルー 植野妙実子監訳	法にとらわれる政治	A5判 2300円
74	ペートラ・ポールマン 山内惟介編訳	ドイツ・ヨーロッパ保険法・競争法の新展開	A5判 2100円
75	トーマス・ヴュルテンベルガー 畑尻 剛編訳	国家と憲法の正統化について	A5判 5100円
76	ディルク・エーラース 松原光宏編訳	教会・基本権・公経済法	A5判 3400円
77	ディートリッヒ・ムルスヴィーク 畑尻 剛編訳	基本権・環境法・国際法	A5判 6400円
78	ジェームズ・C・ハウエル他 中野目善則訳	証拠に基づく少年司法制度構築のための手引き	A5判 3700円
79	エイブラム・チェイズ他 宮野洋一監訳	国際法遵守の管理モデル	A5判 7000円
80	トーマス・ヘェーレン編 山内惟介編訳	ミュンスター法学者列伝	A5判 6700円

＊価格は本体価格です。別途消費税が必要です